公益诉讼检察工作指导

2024年第1辑 · 总第9辑

最高人民检察院第八检察厅／编

中国检察出版社

图书在版编目（CIP）数据

公益诉讼检察工作指导 . 2024 年 . 第 1 辑 / 最高人民检察院第八检察厅编 . -- 北京 : 中国检察出版社，2024.6

ISBN 978-7-5102-3080-6

Ⅰ . ①公… Ⅱ . ①最… Ⅲ . ①诉讼法—研究—中国 Ⅳ . ① D925.04

中国国家版本馆 CIP 数据核字（2024）第 101828 号

公益诉讼检察工作指导（2024 年第 1 辑）

责任编辑：王　欢
技术编辑：王英英
美术编辑：徐嘉武

出版发行：中国检察出版社
社　　址：北京市石景山区香山南路 109 号（100144）
网　　址：中国检察出版社（www. zgjccbs. com）
编辑电话：（010）86423780
发行电话：（010）86423726　86423727　86423728
（010）86423730　86423732
经　　销：新华书店
印　　刷：北京联兴盛业印刷股份有限公司
开　　本：710 mm × 960 mm　16 开
印　　张：13.25
字　　数：169 千字
版　　次：2024 年 6 月第一版　　2024 年 6 月第一次印刷
书　　号：ISBN 978 – 7 – 5102 – 3080 – 6
定　　价：60.00 元

《公益诉讼检察工作指导》
编　委　会

《公益诉讼检察工作指导》
通讯编辑

董泽平	马方飞	张　阁	徐　贝	张杰彪
王文杏	罗建磊	李智宇	安静静	王春莹
邹政文	董燕飞	郝炎平	邹冬芝	黄凤娇
隋　静	李　胤	刘　洋	姚　红	庄少业
梁　杰	沈　飞	付学丹	吴俊伽	李春丽
黄　梅	刘　鹏	李维玲	拜玉莲	任　洁
何艳彬	陈红叶	游海兵		

目 录

高层声音

领导讲话

重要动态

回顾展望

案例解读

工作研究

调研报告

地方经验

高层声音

GAOCENG SHENGYIN

高质效办好每一个公益诉讼案件 更高水平守护人民群众美好生活

张雪樵*

2023年是全面贯彻党的二十大报告“完善公益诉讼制度”部署的开局之年，也是公益诉讼检察工作迈向高质量发展的重要一年。最高检党组围绕落实习近平总书记“努力让人民群众在每一个司法案件中感受到公平正义”重要指示精神，明确提出让“高质效办好每一个案件”成为新时代新征程检察履职办案的基本价值追求。全国公益诉讼检察部门深入践行习近平法治思想，将这一价值追求贯彻到公益诉讼检察办案全过程、各环节，注重以可诉性来提升精准性和规范性，推动公益诉讼检察高质效办案取得新成效、新进展。

一是办案规模稳健，质效明显提升。2023年，全国检察机关共立案办理公益诉讼案件19万件。其中，行政公益诉讼16.8万件，占比88.4%；民事公益诉讼2.2万件，占比11.6%。绝大部分案件经过诉前程序督促行政机关纠正或履行职责，诉前整改率达到99.1%。针对一些诉前检察建议解决不了的问题，坚持以诉的确认体现司法价值引领，全年共提起行政公益诉讼1276件，同比上升76.7%，有效提升制度的监督刚性。二是法定领域继续拓展，各领域办案协调发展。2023年，随着检察公益诉讼条款被写入无障碍环境建设法，检察公益诉讼法定领域扩展到“4+10”。同时，青藏高原生态保护法、海洋环境保护法等多部法律增加了检察公益诉讼条款。这一年，最高检指导各地深耕细作生态环境、食品药品安全、国有财产保护等传统法定领域，有重

* 张雪樵，最高人民检察院副检察长。

点分层次加强安全生产、个人信息保护、特定群体权益保护等新增领域办案力度，积极稳妥探索文物和文化遗产保护、网络治理等新领域办案，取得显著成效。三是以推动检察公益诉讼专门立法为契机，夯实高质效办案基础。深入总结提炼检察公益诉讼独具中国特色的制度特点，全面收集梳理地方检察机关立法需求和建议，紧紧围绕受案范围，调查权配置，诉前、起诉、审判与执行程序中相关重点问题等回应司法实践需求，更有针对性督导各级检察机关高质效办案。四是多措并举深入落实高质效办案理念。坚持问题导向开展有力督导，最高检先后召开全国公益诉讼检察高质效办案业务督导会 5 次、现场会 1 次。通过定期视频调度、指导重大案件办理等举措，督导各省级检察院发挥带头作用，办理标杆式的自办案件。完善办案规范体系，最高检研究制发生态环境细分领域，如非法采矿类检察公益诉讼办案指引等，引导各级检察机关精细化、规范化办理案件。五是强化典型案例示范引领作用。及时总结提炼典型案例，贡献更多更好公益诉讼检察实践样本和经验。2023 年，最高检以“守护国财国土、助推惠民政策落实”为主题，发布第四十六批指导性案例。发布无障碍环境建设、文物和文化遗产保护、食品药品安全、个人信息保护、耕地保护等领域公益诉讼典型案例 23 类主题 218 件。六是强化科技和大数据运用，激发高质效办案新动能。针对公益诉讼办案领域越来越广、专业程度越来越高的新挑战新要求，积极打造以卫星遥感、无人机航拍、快速检测等为代表的“空天地”一体化检察公益诉讼技术支持体系。七是强化公众参与，共治共享助力办案质效提升。持续深化“益心为公”志愿者检察云平台运用，发挥民主监督和检察监督协同作用。2023 年，共招募、聘请“益心为公”志愿者 11 万余人，通过平台提报并推送高质量线索 1 万余条。各级检察机关通过公益诉讼案件专家咨询网发起案件咨询、邀请参与听证、邀请跟踪观察共计 1.9 万余件。“益心为公”志愿者的参与及贡献日益成为高质效办案重要助力。

推进高质效办好每一件公益诉讼案件，归根结底就是要以扎扎实实的办案成效更全方位捍卫国家利益和社会公共利益，更高水平守护人民群众美好生活。具体体现在以下方面：

一是深耕细作生态环境和资源保护领域，助力美丽中国建设。全国检察机关坚持从为全局计、为长远谋的高度，自觉服务深入打好污染防治攻坚战，以向全国人大常委会专项报告生态环境和资源保护检察工作情况为契机，高质效办理了一批生态环境和资源保护领域公益诉讼案件。2023 年，全国共办理此领域公益诉讼案件 8 万多件。持续打好蓝天、碧水、净土保卫战，指导沿黄 9 省（区）检察机关因地制宜开展流域上中下游多层次保护。深入排查高标准农田建设选址不合规、质量不达标、“非农化”、“非粮化”等公益损害问题，发挥职能作用牢牢守护人民群众的“粮袋子”。加大对温室气体排放、高耗能高碳排放项目建设、破坏固碳释氧功能等领域问题办案力度，助推减污降碳协同增效。最高检带头办理高质效案件，深入推进长江船舶污染治理专案办理，截至 2023 年 12 月共立案 561 件，推动港口码头新建船舶污染物接收设施 479 套、专用船舶污染接收转运码头 26 座、岸电设施 216 套，基本实现全流域 3500 条通航干支流码头接收转运设施全覆盖、船舶陆岸监管全闭环。最高检自办的快递包装固体废物污染环境案，从循环包装入手，协同督促行政主管部门、快递龙头企业、包装生产企业和电商平台推动前端治理，助力出台《深入推进快递包装绿色转型行动方案（2023—2025 年）》。各级检察院积极破解生态环境领域新类型公益损害难题。江苏省检察机关聚焦“重点地区、重点月份、重点时段”办理噪声污染治理专案，集中解决了一批群众反映强烈的噪声污染问题，还“静”于民。

二是着力做优食品药品安全领域办案工作，服务保障健康中国。全国检察机关严格贯彻落实习近平总书记关于食品药品安全“四个最严”要求，针对该领域深层次治理问题、人民群众舌尖安全新需求，深入推进高质效案件办理。2023年，共立案办理食品药品安全领域公益诉讼案件2万多件。最高检部署开展抗（抑）菌制剂非法添加整治专项监督活动，办案2500余件；督促行政机关查处涉案产品60余万件，约7.3吨；发布违法产品目录，助推食药安全监督从资质证照向食药产品质量转型。紧盯新业态涉食药安全问题，指导各地关注解决社区团购、直播带货、医美行业虚假宣传等领域公益损害新问题。浙江省义乌市人民检察院针对“直播带货”行业发展初期因协同监管机制不健全、平台责任不完善、诉源治理不到位而侵害消费者权益问题，督促行政机关针对直播带货销售不合格食品、虚假宣传等违法行为进行整治，并推动建立长效机制，促进网络食品销售业态高质量发展。

三是做大做强安全生产领域办案工作，守护群众生命财产安全。全国检察机关在统筹发展和安全中依法能动履职，高质效办理安全生产领域公益诉讼案件。全年共办理该领域公益诉讼案件1.7万多件。最高检指导各地扎实推进燃气、建设工程、交通运输、消防、矿山、危化品等重点领域安全隐患问题监督，充分发挥公益诉讼职能作用助力公共安全治理模式向事前预防转型。四川省金堂县人民检察院针对餐饮企业、家庭日常广泛使用的瓶装液化石油气非法充装安全隐患，运用大数据法律监督模型，精准发现在液化石油气中违法充装二甲醚等苗头性、普遍性问题，推动经信、市场、税务等部门搭建数据共享机制，助力及时有效减少燃气安全隐患。

四是强化个人信息保护、反电信网络诈骗领域办案力度，护航群众身边的信息安全。聚焦网络时代公民个人信息保护更高需求，瞄准电信网络诈骗多发态势，将生物识别、医疗健康、金融账号、行踪轨迹等敏感个人信息保护作为办案重点，取得显著成效。2023年，全国检察机关共立案办理个人信息保护和反电信网络诈骗领域公益诉讼案件6600余件。最高检与公安部门就电信网络诈骗领域开展密切协作配合，针对前端制度和管理漏洞充分发挥公益诉讼独特职能作用，督促相关行政主管部门依法履职，促进源头治理。

五是深化特定群体权益保护，彰显公益诉讼检察温度。运用法治力量护卫老年人、残疾人、妇女、军人等群体权益保护，充分彰显公益诉讼人权保障制度功能。最高检指导各地针对农村妇女集体经济组织成员土地权益保障难题以及妇女就业保障歧视、劳动保障不到位等重点问题，加大监督力度。持续保持无障碍环境建设领域办案力度同时，围绕消除用餐、看病、打车、交费等事关安居乐业的“数字鸿沟”，强化信息无障碍监督。2023 年，共办理老年人、残疾人、妇女、军人等特定群体利益保护案件 2252 件，无障碍环境建设领域 1983 件，助力人民群众共享让爱无“碍”的美好生活。江西省检察机关针对部分中央驻赣企业和省属企业未按规定安置残疾人就业且未缴纳残保金问题依法立案，推动省国税和省残联追缴残保金 5725 万元，拓展残疾人就业岗位 1000 余个。

2024 年是习近平总书记在党的十八届四中全会提出探索建立检察机关提起公益诉讼制度十周年。下一步，我们将坚持以习近平法治思想为指引，更实担起党和人民赋予的更重责任，持续聚焦人民群众急难愁盼，努力办理高质效、有影响案件，不断提升公益保护质效，为人民美好生活贡献更多公益检察力量。

领导讲话

LINGDAO JIANGHUA

强化落实　驰而不息抓“质效”

——山西省人民检察院副检察长崔国红在全省公益诉讼工作推进会暨高质效办案督导会上的讲话（节选）

（2024 年 2 月 26 日）

应勇检察长提出，要让“高质效办好每一个案件”成为新时代新征程检察履职办案的基本价值追求，在实体上确保实现公平正义，在程序上让公平正义更好更快实现，在效果上让人民群众可感受、能感受、感受到公平正义，做到检察办案质量、效率、效果有机统一于公平正义。具体到公益诉讼检察，应检强调“诉前程序是检察公益诉讼的一个重要程序。办案中，重在以‘可诉性’来提升精准性和规范性。对于诉前检察建议解决不了问题的，敢于通过诉的确认维护国家利益、社会公共利益”。去年以来，最高检以月督导方式 5 次调度省级院高质效办案，张雪樵副检察长逐省逐案点评。杨景海检察长在全省检察长会上指出要抓“诉前程序”和“诉的确认”，要求省院也要以月督导形式驰而不息抓“质效”。当前，对标对表“高质效”办案的要求，我们的工作面临高效“转段”、精细“落实”、补强“短板”三个方面的挑战。

高效“转段”的挑战。最高检对省级院办案的督导正逐步转入“下半场”，已完成 3 件高质效案件的省级院从下月起将推荐市级院向最高检汇报高质效办案情况，省院已完成 2 件另有 1 件正在加紧推进整改。“船到中流浪更急，人到半山路更陡。”如何能够在短时间内有序交替、顺利过渡，市级院办理的案件能不能立得住、拿得出、被认可？这是挑战之一。精细“落实”的挑战。节前，中央、省委政法工作会议和全国、全省检察长会议密集部署，最高检八厅反应高效、行动迅速，年度工作要点、专项行动方案以及具体领域的办案提示和通知接连下达，工作内容多、领域范围广、标准要求严、通报频次高，体现了鲜明的“抓落实”导向。如何能够立足有限的办案力量做细、做实、做深、做好这些工作？这是挑战之二。补强“短板”的挑战。从去年阅卷调研和业务系统核查情况来看，有的市县院所办案件距离“高质效”要求还有不小差距，浅层次、同质化的监督仍不同程度存在，办案视野和案件类型难以跟上公益保护形势的快速发展。如何能够促使“后进”变“先进”，案件怎样才能更具引领性？这是挑战之三。

困难挑战越大，越要脚踏实地，踔厉奋发。统筹发力，纵深推进“高质效”办案，就是我们积极应对挑战，有效完成全年目标任务的关键一招、重要一环、制胜一举。下面我讲三点意见。

一、集中精力、迅速行动，将办好有影响力、具有示范引领价值的“高质效”案件作为全年首要任务扎实推进

什么是“高质效”？习近平总书记的谆谆教诲是我们理解“高质效”的“原点”。应勇检察长的重要讲话为我们树立起了“高质效”的基本“坐标”。最高检八厅提出“三精三严”，即“立案精准、严把入口关，办案精细、严把规范关，效果精优、严把结案关”的要求，进一步标清了“高质效”的“刻度”，大家在深入学习领会，准确理解内涵实质的同时，要着力抓好以下几个方面。

一是力抓最高检视频督导会精神的学习贯彻。张雪樵副检察长在月督导会上的点评和讲话，以及会后下发的工作提示，对“高质效”的标准做了更加统一、明确、清晰、具体的框定，是对实践经验的提炼总结和深刻认识，具有很强的指导性，为办案提供了操作指南和指引说明，各地务必认真学习、精钻细研、对照检视。要学习掌握“高质效”案件的特征特质。比如，案件是能给行政机关带来压力的“硬骨头”案，“违法性”突出，能够通过媒体宣传，有实质性的办案活动等。要学习掌握“高质效”案件的负面清单。比如，辖区内下级院

能够办理并推动整改的案件，原则上无需由上级院办理。要学习掌握“高质效”案件的办案方法。市级院在重点办理监督层级较高的行政公益诉讼、重大民事公益诉讼案件以及协同省院一体办案外，可以学习借鉴最高检“万峰湖”“南四湖”和“长江船舶污染案”，探索“小专项”方式办案。

二是力抓3件高质效案件办理。高质效案件自然是多多益善，3件只是最低标准的要求，是必须完成的硬任务。大家要认识到，下步汇报办案情况面对的是最高检和兄弟省市检察机关的检阅，是学习、交流，更是展示、比拼，代表的是山西公益诉讼检察的形象和水平，因此必须要自我加压、力争上游、精益求精，在啃“硬骨头”上树标杆，在规范办案上树标杆，在深化治理上树标杆。就市级院而言，去年全省共有15件案例入选最高检典型案例，其中市级院办理的有8件，占比超过一半，大同、吕梁、长治、朔州、运城协同省院一体办理重大案件，对“压力度”和“阻力度”有切身感受，积累了不少经验，因此从整体上看，我们的市级院有基础、有条件、有能力办出更多有影响、具有示范价值的案件。这项工作是“迫在眉睫”，从今天汇报情况看，不少地方还要下大气力抓紧推进。就基层院而言，其办理的案件无论是监督层级、覆盖面还是治理效果都难以简单套用省市院办案的标准，“高质效”的基本特质仍然必不可少。最高检今年将组织为期一年的案件质量评查，所以基层院一开始就要抓好规范办案，牢牢守住案件质量问题被通报，甚至引起负面舆情的底线。就深化落实月督导机制而言，最高检将各地高质效办案同典型案例评选挂钩，省院也将在案例推荐、工作通报、考核评比及评优评先等方面对工作效果明显的地方进行倾斜。市级院也要参照最高检和省院做法，对基层院高质效办案进行督导。这次会议，就是省院今年的第一次督导，接下来要久久为功、绵绵用力，常态化抓实抓好，三级院一起努力，把“高质效”案件办出来、选出来、推出去。

三是力抓办案精准选题。办好案件的前提是选好案件，某种程度上，从选题就可以看出办理的案件有没有影响力，具不具有示范引领价值。我们一定要把高质效办案的第一颗扣子扣好，第一道工序做精。高质效办案其实是一个“命题作文”，最高检工作要点和相关通知提示都对办案重点进行了明确，大家要深入领会其背后蕴含的深层次政治考量。比如，习近平总书记在中央农村工作会议上作出指示，要求把推进乡村全面振兴作为新时代新征程“三农”工作的总抓手，要守住耕地这个命根子，加大高标准农田建设投入和管护力度。为此，最高检专门下发《充分发挥公益诉讼检察职能服务“三农”工作促进乡村振兴的通知》，将乱占、破坏耕地及破坏高标准农田建设违法行为纳入办案重点。再如，为贯彻全国人大常委会对最高检生态环境和资源保护检察专项报告的审议意见，最高检下发通知要求办理城镇生活垃圾处置不规范、危险废物跨省转移、历史遗留尾矿库闭库治理和生态修复滞后、光污染、噪声污染、新污染物治理、高碳排放控制等类型的案件。诸如此类，都是中央有部署，群众有期盼的重点问题，是检察公益诉讼做实为大局服务、为人民司法的切入点，是高质效办案的最佳选题。去年，柳林县院办理的噪声污染案、太原尖草坪区院“拔花花”非遗保护案和晋中太谷环保督察案被评为“百案评析”案例，同其具有示范性和引领价值的选题密不可分，最高检每年典型案例和案例专刊的发布主题都是紧扣办案重点，省院已梳理相关文件形成选题清单，各地一定要对照选题清单靶向发力。

二、准确把握、检点到位，把年度重点工作新部署新要求落实落细

检察公益诉讼制度从初创开拓到如今不断发展完善，已经形成一套行之有效、成体系的工作方法。工作抓手相对稳定，但具体内容和

要求须紧跟形势发展。

一是关于专项行动。今年，最高检明确提出开展“检护民生”“检察护企”“黄河保护公益诉讼检察基层行”和“长城保护公益行动”，有的专项方案已经下发，尚未下发的请密切关注。开展专项要注重因地制宜。各地要在最高检和省院方案的大框架内，要立足本地实际，聚焦一个或几个较为突出的治理问题开展针对性更强的“小切口”专项，避免面面俱到、漫天撒网。要注重求实问效。逐项对照、全面梳理违法情形，统筹数量与质量，既集中体现办案质效，同时也应当有一定的办案规模。工作重点一旦确定，就要树立“交账”意识，省院将从指标、案例、经验三个维度对各市进行“验收”，切实防止专项行动“上热下冷”“虎头蛇尾”。要强化过程控制。专项行动对时间进度和节点任务有明确要求的，必须时刻紧盯，严督实导。比如，最高检准备在4月和6月召开长城专项推进会和督导会，沿线地市要切实加大办案力度。这里，我重点强调一下“黄河保护公益诉讼检察基层行”活动。围绕服务保障黄河国家战略持续开展专项行动，是我们落实总书记重要讲话重要指示和服务省委中心工作的重要举措，是每年的“保留项目”。什么是政治自觉、法治自觉和检察自觉？黄河专项行动就是集中体现。去年，杨检在首届黄河检察论坛作了经验交流，受到广泛好评，按照计划，最高检明年将组织第二届黄河检察论坛，我们能不能比之前做得更好，有没有新的办案成效和经验做法去展示，今年的“黄河保护公益诉讼检察基层行”活动至关重要，要务必下大气力推进。

二是关于领域办案。总的要求是聚焦精准规范，持续推动传统法定领域办案提质增效，积极稳妥拓展，有重点分层次做大做强新增办案领域。今年工作要点对这方面的部署是细而又细，各地要认真学习领会，抓好贯彻落实。要关注办案重点。比如，应勇检察长在全国检察长会上明确强调的社区团购、网络营销、直播带货等新业态涉食品药品安全问题。“两国”领域的违法违规套取、骗取、截留、挪用各类助企惠民补贴问题等。要关注指标任务。比如，最高检要求食品药品安全两个领域市级院和基层院办案要全覆盖。无障碍环境建设和妇女权益保障是重点法定新领域，对逐步拓展办案规模有相应的要求。要关注空白领域。目前，我省在反电信网络诈骗和反垄断两个领域尚未办理案件，要深入研究，学习借鉴先进省份经验，积极争取破“零”。要关注特色领域。安全生产、文物和文化遗产保护、国防军事领域是具有山西辨识度的特色领域，也是出案例、出经验的“富矿”。大同、长治、铁检在文物安全隐患、军事设施保护、铁路安全隐患重点案件办理中发挥了重要作用，要持续加大推进力度。

三是关于“益心为公”志愿者平台应用。这项工作自去年全面推开以来，我们一手抓志愿者入库扩容，一手抓志愿者激活到岗，工作有了明显起色，但同先进省份差距也比较明显。从志愿者“参与率”来看，目前仍有3个地市的比率在20%以下，需引起高度重视。

四是关于行政公益诉讼起诉。去年，省院下大气力督导，“以‘诉’的确认体现司法价值引领”逐步成为共识。今年，最高检仍将其作为督导重点，各地一方面要坚持当诉则诉，保持诉的力度，让诉成为办案常态，另一方面要更加关注诉的质效，以公益实现保护为办案目标，严把撤诉标准，对去年的起诉案件开展专项评查。

五是关于数字检察。今年，要进一步落实应勇检察长“深入实施数字检察战略、赋能法律监督提质增效”的要求，抓现有模型拓展，深入研究建设工程等行业领域取用水特征，拓展水资源保护模型行业覆盖面。抓成熟模型推广，晋城数字监督模型（保护耕地）和长治水资源模型要在全省推广，此外，有条件的地方可选择应用其他全国、全省竞赛获奖模型。此前，太原市院已为“非标油”模型试点做了大量准备工作，今年要确保取得实效。抓卫星遥感应用，根据中科院空天院的反馈，我省已经是全国使用卫星遥感技术办案最多的省份，要持续保持强劲势头，将其作为“高质效”办案的重要调查手段，突出其在省市院自办案件中的应用，争取打造成为山西公益诉讼的亮点经验。

六是关于京晋检察协作。这是省院党组落实省委“更好承接京津冀协同发展溢出效应”战略的重大举措，公益诉讼部门要当好“排头兵”。较其他检察职能，公益诉讼检察在跨区域协作中具有独特的优势，各地要围绕桑干河、太行山、铁路、长城等做文章，争取在协作框架下办出一批标志性案件。

三、善作善为、统筹兼顾，用正确的方法指导推动工作

方法正确，做工作能事半功倍。方法失当，做工作往往晕头转向。今年工作任务点多、面广，掌握正确的工作方法尤为重要。

一是重大案件及时向党委请示报告。浑源县院办理的案件入选最高检指导性案例，在指导意义中明确指出“检察机关在办理重大公益诉讼案件过程中，要积极向党委报告重大情况”，也正是在山西省委、大同市委的坚强领导下，案件才能取得令人瞩目的整改效果。近年，朔州、长治、吕梁、大同在协同省院一体办案过程中，积极主动向当地党委报告情况，市委主要领导均作出批示，给予检察办案有力支持。我们办理有影响力的高质效案件，难免会涉及重大利益或重大事项，各地要把向党委请示报告作为推进案件办理的重要方法，更要以强烈的纪律意识将其坚决落实到位。

二是坚持以办案为中心。办案是检察机关的主责主业，工作经验的转发、上级领导的批示、理论研究的素材、队伍能力的锻炼等要依托于办案这个关键，办好一个案件，能够收到多重效果，完成多项评价指标。大家要把主要精力用在办好高质效案件上，各项事务性工作都应当服从和服务于办案，避免牵扯过多精力，因小失大。

三是院领导带头办案。目前，检察长和分管院领导办案已渐成常

态，省院正在推进的4件自办案件全部由我担任主办检察官，晋城、大同、吕梁、忻州、铁检等市分院检察长也都积极带头办理重大案件。院领导办案在“敏锐性”和“分寸感”方面具有明显的优势，这在复杂案件办理中至关重要，希望市县院各位院领导，能够主动领办今年的高质效案件。

四是开展“问需大走访”活动。哪项工作做起来有压力、有阻力，行政机关最清楚。各级院今年要走访与公益诉讼相关度较高的各行政机关，了解其需求及与公益诉讼的结合点，据此发现治理机制失灵的领域，作为“高质效”案件线索来源，通过检察办案形成反馈互动等机制，争取打造成为具有山西特色的办案经验。

五是切实为基层减负。习近平总书记春节前夕赴天津看望慰问基层干部群众，强调各级领导班子和领导干部要树牢正确政绩观，持续整治形式主义为基层减负。“上面千条线，下面一根针”，基层院人员有限，工作部署要避免上下一般粗，越到基层，工作重点越要小而精，省市院要认真研究，细化分解工作任务，给基层院更加明确的指引。

重要动态

ZHONGYAO DONGTAI

土壤污染领域检察公益诉讼办案指引*

为深入践行习近平生态文明思想、习近平法治思想，规范土壤污染领域公益诉讼案件办理，维护国家利益和社会公共利益，助力土壤污染源头防控，根据《中华人民共和国环境保护法》《中华人民共和国土壤污染防治法》《人民检察院公益诉讼办案规则》等相关规定，制定本指引。

第一条 土壤污染是指因人为因素导致某种物质进入陆地表层土壤，引起土壤化学、物理、生物等方面特性的改变，影响土壤功能和有效利用，破坏生态环境或者危害公众健康，致使国家利益或社会公共利益受到侵害。主要表现为：

（一）土壤中镉、汞、砷、铅、铬、铜等重金属和有毒元素超出国家规定标准值。

（二）土壤中元素或者化合物的含量水平超出区域性土壤环境背景值。

（三）土壤酸碱度失衡，导致土壤养分失调，微生物活性降低。

（四）植被生长发育受到影响，植被产量减少或死亡，农作物中重金属和有毒元素超标。

（五）土壤中检测出有机农药、酚、氰化物等有机污染物。

（六）土壤中存在锶、铯等放射性元素。

第二条 行政机关履行土壤污染监管职责过程中可能存在以下情形之一，导致国家利益或社会公共利益受到侵害的，检察机关应当行政公益诉讼立案。

（一）针对违法行为人污染土壤的行为，未能履行责令限期改正、

* 最高人民检察院 2024 年 2 月 6 日发布。

处以罚款、督促恢复受污染土壤等监管职责的。

（二）土壤污染责任人或土地使用权人未按照规定进行土壤污染状况调查、土壤污染风险评估、采取风险管控措施或实施修复并评估，且拒不改正的，行政机关未依法履行责令限期改正、处以罚款、委托他人代为履行等监管职责的。

（三）对依法不需要追究刑事责任或者免予刑事处罚，但应当给予行政处罚的，司法机关将案件移送有关行政机关后，行政机关未能依法及时处理，导致被污染土壤失于监管的。

（四）行政强制执行中行政机关违法行使职权或者不作为，导致土壤污染失于监管的。

（五）行政机关未按相关法律规定履行审批职责，作出可能造成土壤污染的行政许可、办理批准文件或者办理相关手续。

（六）行政机关怠于履行其他监管职责的。

针对行政机关已经发现并采取相应监管措施，足以消除土壤污染或污染风险的，检察机关一般不以行政公益诉讼立案。

第三条 土壤污染防治工作主要涉及生态环境、农业农村、自然资源、住房城乡建设、林业草原等行政机关监管职责。其中，生态环境部门对土壤污染防治工作实施统一监督管理；农业农村部门负责农用地土壤安全利用、严格管控、治理与修复等工作的组织实施；自然资源部门负责建设用地调查、登记、出让、收回和修复等环节相关的风险管控措施；住房和城乡建设部门负责对建设用地土壤污染风险管控和修复的监督管理；林草部门主要负责对林地草地土壤污染的监督管理。

针对行政机关监管职能交叉问题，可以结合《土壤污染防治法》、参照地方土壤污染防治条例、地方政府发布的权力清单以及相关行政机关的“三定方案”等确定行政公益诉讼监督对象。多部门均有监管职责的，优先监督监管职责与公益损害的制止与修复具有关键性、直接性关系的机关，具体可以参照地方政府发布的土壤污染防治工作方案等文件查明行政机关在各自职责范围内对土壤污染防治工作的独立实施职责、会同实施职责以及配合实施职责。

地方各级人民政府领导土壤污染防治工作，负有组织、协调、督促有关部门依法履行土壤污染防治的职责。土壤污染问题影响重大，需要多个部门协同推进整改，确有必要的，可以直接监督人民政府。

办案中要注意查明是否存在根据《中华人民共和国行政处罚法》第二十四条规定由乡镇人民政府、街道办事处行使行政处罚权的情况。

第四条 发现土壤污染或土壤污染风险，可能存在下列行为之一，且行政机关已经依法全面履职仍未能有效解决问题、修复生态环境的，检察机关应当民事公益诉讼立案。

（一）土壤污染重点监管单位未制定、实施自行监测方案，或者未将监测数据报生态环境主管部门的；篡改、伪造监测数据的；未按年度报告有毒有害物质排放情况，或者未建立土壤污染隐患排查制度的。

（二）拆除设施、设备或者建筑物、构筑物，企业事业单位未采取相应的土壤污染防治措施或者土壤污染重点监管单位未制定、实施土壤污染防治工作方案的。

（三）尾矿库运营、管理单位未按照规定采取措施防止土壤污染的；未按照规定进行土壤污染状况监测的。

（四）建设和运行污水集中处理设施、固体废物处置设施，未依照法律法规和相关标准的要求采取措施防止土壤污染的。

（五）向农用地排放重金属或者其他有毒有害物质含量超标的污水、污泥，以及可能造成土壤污染的清淤底泥、尾矿、矿渣等的。

（六）农业投入品生产者、销售者、使用者未按照规定及时回收肥料等农业投入品的包装废弃物或者农用薄膜，或者未按照规定及时回收农药包装废弃物交由专门的机构或者组织进行无害化处理的。

（七）将重金属或者其他有毒有害物质含量超标的工业固体废物、

生活垃圾或者污染土壤用于土地复垦的。

（八）实施风险管控、修复活动对土壤、周边环境造成新的污染的。

（九）未达到土壤污染风险评估报告确定的风险管控、修复目标的建设用地地块，开工建设与风险管控、修复无关的项目的。

（十）土壤污染责任人或者土地使用权人未按照规定进行土壤污染状况调查、进行土壤污染风险评估、采取风险管控措施、实施修复的。

（十一）其他可能造成土壤污染的违法行为。

第五条 针对土壤污染或土壤污染风险问题，检察机关督促行政机关履职足以实现公益保护的，优先行政公益诉讼立案；违法行为主体需要承担生态环境服务功能损失或期间损失责任时，应当民事公益诉讼立案。

第六条 土壤污染民事公益诉讼的对象一般是指通过排放、倾倒、填埋等行为导致污染物或有毒有害物质进入陆地表层土壤，导致土壤污染风险或造成土壤污染损害后果的主体。对于涉及多主体的案件，注意对用工责任、劳务责任、共同侵权责任等予以区分。土壤污染责任人无法认定的，土地使用权人承担土壤污染风险管控和修复的责任。认定时可以参照《农用地土壤污染责任人认定暂行办法》《建设用地土壤污染责任人认定暂行办法》《污染地块土壤环境管理办法》，同时应当注意区分污染物来源、中间人、违法行为具体实施者在导致土壤污染过程中的责任。

对受委托从事土壤污染状况调查和土壤污染风险评估、风险管控效果评估、修复效果评估活动的单位，存在与委托人恶意串通，出具虚假调查报告、风险评估报告、风险管控效果评估报告、修复效果评估报告等的，应承担相应法律责任。

第七条 检察机关办理土壤污染领域公益诉讼案件，应注意以下调查取证事项：

（一）国家利益或社会公共利益受到侵害的事实。重点调查：一是污染地块土壤背景资料，主要包括调查污染地块的土地用途、等级、权属以及相关土壤污染状况详查数据、各级土壤环境监测网监结果、土壤环境背景值等。二是污染源信息。包括污染区域内是否存在土壤污染重点行业企业及其生产运行等情况，固体废物堆存、处理外置场所分布及其对周边土环境质量的影响情况，污染事故发生时间、地点、类型，规模、影响范围及已经采取的应急措施情况等。三是土壤污染的危害，包括对土壤环境、土壤生态系统、地下水、水源、动植物、农业生产等影响。

（二）存在土壤污染违法行为的事实。重点调取能够证明行为人排放污染物或有毒有害物质的时间、方式、频次、种类、成分、数量、浓度等事实的证据材料。包括调取企业环评手续、排污许可手续等书证，行政执法和刑事司法的案件卷宗材料，负有土壤污染防治监督管理职责的部门及其所属或者委托的监测机构在行政执法过程中收集的土壤污染状况监测数据、土壤污染状况调查报告、风险评估报告、风险管控方案、修复方案、风险管控效果评估报告、修复效果评估报告、检验检测报告等材料，以及公安机关单独或者会同土壤污染防治监督管理部门对提取样品鉴定、检验、检测获取的数据。

因违法倾倒危险废物导致土壤污染的，应当注意调查危险废物来源，核查贮存、运输、处置利用危险废物环节的合法性以及违法倾倒的具体情况。重点调取相关主体的危险废物处置记录、危险废物转移联单等材料。跨省移送危险废物的，还应调取移出省与接受省省级生态环境部门的批准文件。涉及专门处置危险废物公司的，注意调查其危险废物处置能力、处置方式，核实是否存在违法处置危险废物的情况。

对尾矿库造成土壤污染情况进行核查时，应当注意调查尾矿库是否已经采取有效措施防治污染，排水管道、回水管道是否存在“跑冒滴漏”的情况，渗滤液收集设施是否依规建设并正常运行、尾矿废水排放是否达标等问题。同时调取相关项目环境影响评价、竣工验收、排污许可等材料。

因农业投入品导致土壤污染的，应当注意调取国家强制性标准、企业标识、产品包装、标签、产品质量检验合格证、出厂销售记录、销售台账、农用薄膜的使用记录、农用薄膜回收台账等材料，检查化肥农药投入、农膜使用回收是否符合规定。

因违法复垦土地导致土壤污染的，还需要调取土地复垦复绿复种、地力修复、污染治理、后期管护相关资料，以及复垦项目立项、规划设计、施工、验收、备案等材料，核查土地复垦方案、实施程序标准（包括验收）、土壤回填或填充物是否符合规定。

（三）行政机关的职权范围、依据以及实际履职情况。查明对土壤违法行为具有监管职责行政机关的职权范围、内容；履行职责过程中适用的法律、法规、规章、规范性文件、操作指南、流程指引及技术标准；对土壤污染违法行为进行查处的法律依据、程序流程、处罚条件、适用情形及处罚措施。不同行政机关存在职能或者权限交叉时各自的分工及职责，以及是否存在违法行使职权或者不作为情形，包括是否督促土地使用权人或者污染责任人采取预防措施，是否对违法行为进行查处、及时处置污染物、督促违法行为人修复被污染的土壤等。

（四）核查土壤污染风险时，应注意调查土地使用权人或者污染责任人是否已按照相关规定采取预防措施。比如，各类涉及土地利用的规划和可能造成土壤污染的建设项目是否依法进行环境影响评价；生产、使用、贮存、运输、回收、处置、排放有毒有害物质的单位和个人，是否已采取有效措施，防止有毒有害物质渗漏、流失、扬散；企业事业单位拆除设施、设备或者建筑物、构筑物的，是否已采取相应的土壤污染防治措施；建设和运行污水集中处理设施、固体废物处置设施，是否依照法律法规和相关标准的要求，采取措施防止土壤污染；土壤污染重点监管单位是否已履行严格控制有毒有害物质排放、建立土壤污染隐患排查制度、制定、实施自行监测方案等义务。

（五）民事公益诉讼要注意调取违法行为人的行为与损害之间具有关联性的证据。根据《最高人民法院关于生态环境侵权民事诉讼证据的若干规定》第五条的规定，检察机关在起诉时要提交证明关联性的初步证据，可以通过委托鉴定、专业机构评估、专家意见等方式确定。在调查掌握土壤污染状况、周边环境质量的基础上，结合土壤污染的行为方式、污染物的性质、环境介质的类型、生态因素的特征、时间顺序、空间距离等因素，综合判断关联性是否成立。

第八条　检察机关可以委托司法鉴定机构对污染物的性质，土壤污染的范围、程度，违法行为与损害结果的因果关系，污染治理、修复生态环境的费用等专业性问题进行鉴定。

检察机关应当对鉴定意见进行审查，发现鉴定意见有瑕疵或错误的，可要求鉴定机构进行补正，要求鉴定人作出解释、说明或补充。存在鉴定机构或者人员不具备鉴定资格、鉴定程序严重违法、鉴定意见明显依据不足、或其他严重影响鉴定意见专业性等情形的，应当委托重新鉴定。

在鉴定周期过长、鉴定费用过高、违法行为人对修复方式与修复费用等问题争议不大或相关问题不具备鉴定条件等情况下，检察机关可以聘请专业技术机构或者有专门知识的人，对涉及的专业性问题提出意见。

第九条　行政机关在行政执法和查办案件过程中收集的物证、书证、视听资料、电子数据等证据材料，经审查符合法定要求的，可以作为证据使用。

在行政执法案件或刑事案件中，有关机关或者部门已经对相关问题委托鉴定的，检察机关可以向有关机关或者部门调取鉴定意见书。

对于在行政执法案件或刑事案件中形成的具有鉴定意见性质的证据材料，检察机关可以通过调查核实出具意见机构或人员鉴定资质和能力的方式，确定该证据的效力。

人民法院生效裁判、仲裁机构生效裁决确认的事实或经过法定程序公证证明的事实，除相关文书外，可不必另行提取证据。

第十条 检察机关办理土壤污染行政公益诉讼案件，经调查认为土壤污染损害较小，行政机关对国家利益和社会公共利益受到侵害及其违法行使职权或不作为的事实没有异议的，可以采取磋商方式，督促行政机关整改。需要多个职能部门协同履职的，检察机关可以针对主要负责部门提出检察建议，同时可以采取磋商、圆桌会议等方式，督促其他负有监管职责的部门共同履职。

检察机关办理土壤污染领域民事公益诉讼案件，可以在初步查明违法行为人、违法行为、损害后果等事实后进行公告，生态环境损害鉴定等工作可以公告后进行。基层检察院立案办理土壤污染领域民事公益诉讼案件过程中，拟发布公告的，应当向上级检察院报告，就案件是否符合起诉条件、发布公告主体、发布公告时间等问题征得上级检察院同意。诉前公告原则上只发布一次。

第十一条 检察机关提起土壤污染领域行政公益诉讼，诉讼请求应当以督促行政机关依法履职，纠正行政机关违法行为为主，在特定情况下可以提出确认违法的诉讼请求。

（一）行政机关对土壤污染违法行为未依法全面履行行政命令、行政处罚、行政强制等法定职责的，检察机关可以提出履行法定职责的诉讼请求。

（二）行政机关存在违法发放排污许可证、危险废物经营许可等行为的，检察机关可以提出撤销或部分撤销违法行政行为的诉讼请求。

（三）行政机关在人民法院作出裁判前全面履职整改的，检察机关可以撤回起诉或商请人民法院探索裁定终结诉讼；但行政机关对其法定职责及行为违法性认识违背法律规定，或者原不依法履职行为存在恶劣社会影响的，检察机关可以变更诉讼请求，请求判决确认违法。

第十二条 在土壤污染民事公益诉讼案件中，检察机关可以请求违法行为人承担停止侵害、消除危险、修复生态环境、赔偿损失、赔礼道歉等民事责任。

（一）违法行为人实施的污染土壤行为仍在继续进行中，为了防止生态环境损害的发生和扩大，可以依法请求责令违法行为人停止其侵害行为。违法行为妨碍社会公共利益实现时，可以提出排除妨碍的诉讼请求；根据诉讼中掌握的证据材料和现有的科学技术水平，能够判断违法行为可能发生公众健康或生态环境损害的重大风险，可以要求违法行为人采取有效措施消除已经形成的危险。

（二）土壤污染行为造成的生态环境损害能够修复的，优先要求违法行为人在合理期限内承担修复责任，并同时确定其不履行修复义务时应当承担的生态环境修复费用。违法行为人明确不履行修复责任或不具备修复能力的，可以要求违法行为人承担相应生态环境修复费用。

（三）土壤污染行为造成生态环境功能损害的，检察机关可以要求违法行为人承担生态环境受到损害至修复完成期间服务功能丧失导致的损失，生态环境功能永久性损害造成的损失。

（四）检察机关为诉讼支出的生态环境损害调查、鉴定评估等费用，清除污染、修复生态环境费用，防止损害发生和扩大所支出的合理费用，可以在诉讼请求中一并提出。

（五）违法行为人违反法律规定，故意实施土壤污染行为造成严重后果，可以依法提出惩罚性赔偿的诉讼请求。违法行为人主观恶性较小、获利不多、积极修复的，一般不提出惩罚性赔偿请求；其财产不足以支付罚金和赔款的，慎重提出惩罚性赔偿请求。惩罚性赔偿金数额的确定，应当以生态环境受到损害至修复完成期间服务功能丧失导致的损失、生态环境功能永久性损害造成的损失数额作为计算基数，一般不超过两倍。

第十三条 检察机关提起土壤污染领域民事公益诉讼后，在诉讼程序终结前可以在人民法院主持下进行调解。被告愿意自行或委托专业机构修复的，检察机关应当注意审查被污染土壤的修复条件，并要求其制定切实可行的生态修复方案，明确土壤污染修复方式、标准、时限及监测评估主体。被告支付修复赔偿资金的，检察机关应当加强与人民法院、生态环境等部门沟通，推动及时制定修复方案，组织实施生态环境修复工作。调解协议内容不得减免诉讼请求载明的民事责任，不得损害社会公共利益。

第十四条 检察机关应当对公益诉讼裁判结果执行情况进行监督，及时核查被告是否按时全面履行执行义务、人民法院是否依法移送执行。

被告拒不履行生效判决、裁定或其他法律文书，人民法院又未依法移送执行的，同级人民检察院可以向人民法院提出检察建议，督促人民法院及时启动执行程序。

附件：土壤污染领域检察公益诉讼办案常用法律、法规和规范性文件

附件

土壤污染领域检察公益诉讼办案常用法律、法规和规范性文件

一、法律

《中华人民共和国民法典》

《中华人民共和国民事诉讼法》

《中华人民共和国行政诉讼法》

《中华人民共和国行政处罚法》

《中华人民共和国行政强制法》

《中华人民共和国行政许可法》

《中华人民共和国行政复议法》

《中华人民共和国土壤污染防治法》

《中华人民共和国环境保护法》

《中华人民共和国环境影响评价法》

《中华人民共和国固体废物污染环境防治法》

《中华人民共和国土地管理法》

《中华人民共和国农业法》

二、法规

《中华人民共和国基本农田保护条例》

《自然资源行政处罚办法》

《国土资源执法监督规定》

《地图审核管理规定》

《国土资源行政复议规定》

《土地利用总体规划管理办法》

《国土资源行政应诉规定》

《建设项目用地预审管理办法》

《建设用地审查报批管理办法》

《土地利用年度计划管理办法》

《土地调查条例实施办法》

《矿山地质环境保护规定》

《节约集约利用土地规定》

《国土资源行政处罚办法》

《地质环境监测管理办法》

《土地复垦条例实施办法》

《闲置土地处置办法》

《土地权属争议调查处理办法》

三、司法解释

最高人民法院《关于适用〈中华人民共和国民事诉讼法〉的解释》

最高人民法院《关于适用〈中华人民共和国行政诉讼法〉的解释》

最高人民法院、最高人民检察院《关于检察公益诉讼案件适用法律若干问题的解释》

最高人民法院《关于审理环境民事公益诉讼案件适用法律若干问题的解释》

最高人民法院《关于审理环境公益诉讼案件的工作规范（试行）》

最高人民法院《关于审理环境侵权责任纠纷案件适用法律若干问题的解释》

四、部门规章和规范性文件

《土壤环境质量标准》

《土地复垦规定》

《农用地土壤污染责任人认定暂行办法》

《建设用地土壤污染责任人认定暂行办法》

《污染地块土壤环境管理办法》

《工矿用地土地管理办法（试行）》

《生态环境损害鉴定评估技术指南环境要素第 1 部分：土壤和地下水》

《建设用地土壤污染状况初步调查监督检查工作指南（试行）》

《建设用地土壤污染状况调查质量控制技术规定（试行）》

自然资源部办公厅《关于加强国土空间生态修复项目规范实施和监督管理的通知》

《自然资源违法行为立案查处工作规程（试行）》

自然资源部《关于印发〈自然资源部立案查处违法行为工作规范（试行）〉的通知》

回顾展望

HUIGU ZHANWANG

公益诉讼检察工作白皮书（2023）

前 言

检察公益诉讼制度是以习近平同志为核心的党中央决策、部署和推进的重大改革举措，以独具特色的公益司法保护“中国方案”，有力维护了国家利益和社会公共利益。党的十八届四中全会以来，在习近平法治思想的孕育和引领下，检察公益诉讼从顶层设计到实践落地、从局部试点到全面推开、从初创开拓到发展完善，成为习近平法治思想在公益保护领域的生动实践和原创性成果。党的二十大报告明确提出“完善公益诉讼制度”，这既是党中央对制度实践的充分肯定，也是对进一步发挥制度效能的更高要求，为当前和今后一段时期工作擘画了宏伟蓝图、确定了基本路径。近几年来，公益诉讼检察法定办案领域已从民事诉讼法、行政诉讼法确定的生态环境和资源保护、食品药品安全、国有财产保护、国有土地使用权出让 4 个领域，持续扩展到“4+10”，在法治中国建设实践中焕发出蓬勃生机。

2023 年，是全面贯彻党的二十大精神的开局之年。检察公益诉讼法被纳入《十四届全国人大常委会立法规划》一类项目，公益诉讼检察面临着新的发展机遇。这一年，全国检察机关坚持以习近平新时代中国特色社会主义思想为指导，深入践行习近平法治思想，准确把握时代发展新形势、国家治理新要求和人民群众新期待，以推动检察公益诉讼立法为牵引，持续为公益诉讼检察夯实基础、凝聚共识；积极践行“高质效办好每一个案件”的新时代新征程检察履职办案基本价值追求，注重以可诉性提升办案精准性和规范性；以向全国人大常委会专项报告生态环境和资源保护检察工作情况为契机，充分运用法治力量服务美丽中国建设；以“益心为公”志愿者检察云平台为重要抓手，深化协同协作，不断扩大检察公益诉讼影响力。

一、公益诉讼检察工作基本情况

2023年，全国检察机关进一步牢固树立质效优先导向，公益诉讼办案规模和质量总体呈现稳健发展良好态势，各领域办案平衡协调健康发展。

（一）公益诉讼办案规模稳健

2023年，全国检察机关共立案办理公益诉讼案件189885件。从案件类型看，办理行政公益诉讼案件167776件，占立案总数的88.4%，行政公益诉讼彰显独特制度价值；办理民事公益诉讼案件22109件，占立案总数的11.6%。

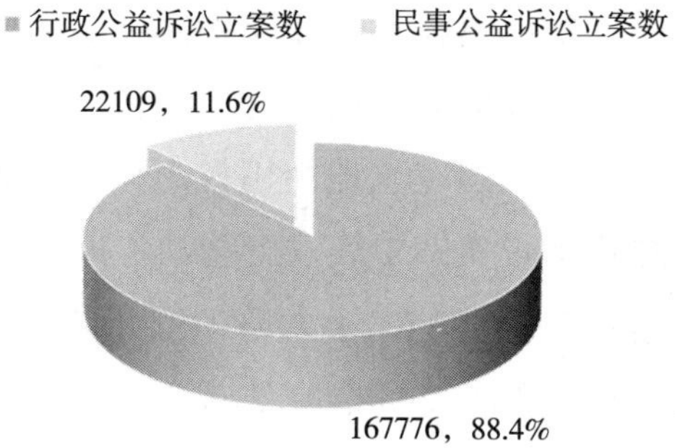

全国检察机关共立案办理公益诉讼案件数

（二）诉前整改水平保持高位

2023年，立案后经磋商终结案件35681件，占行政公益诉讼立案数的21.3%，切实用更高效方式实现公益保护目的。行政公益诉讼中提出诉前检察建议116489件，绝大部分案件经过诉前程序督促行政机关纠正或履行职责，回复整改率达到99.1%，彰显中国特色司法程序设计的效能。

（三）提起诉讼质效不断提升

2023 年，全国检察机关共提起公益诉讼 12579 件。其中，提起民事公益诉讼 11303 件（含刑事附带民事公益诉讼 8654 件），占起诉总量的 89.9%；提起行政公益诉讼 1276 件，占起诉总量的 10.1%，同比 2022 年上升 76.7%。检察机关对一些诉前解决不了的问题，坚持以"诉"的确认体现司法价值引领，有效推动了一批"硬骨头""老大难"公益损害问题整改。提起诉讼后法院支持率达到 99.96%。

（四）办案效果持续凸显

2023 年，全国检察机关通过公益诉讼，督促保护被污染的耕地、林地、草原、湿地约 28.9 万亩，回收和清理生产类固体废物 528.9 万吨，向污染企业和个人共索赔环境损害赔偿金 9.6 亿余元；督促查处假冒伪劣食品约 33 万千克，假药、劣药和走私药品约 8888 千克；督促保护、收回国家所有财产和权益的价值约 1560.8 亿元，收回被欠缴的国有土地使用权出让金总计约 31.5 亿元。

（五）各领域办案平衡协调发展

一是四大传统法定领域"基本盘"稳健。2023 年，全国检察机关共办理四个领域案件 117414 件，占公益诉讼总数的 61.8%。其中，生态环境和资源保护领域 83924 件、食品药品安全领域 23754 件、国有土地使用权出让领域 1468 件、国有财产保护领域 8268 件，分别占公益诉讼总数的 44.2%、12.5%、0.8% 和 4.4%。

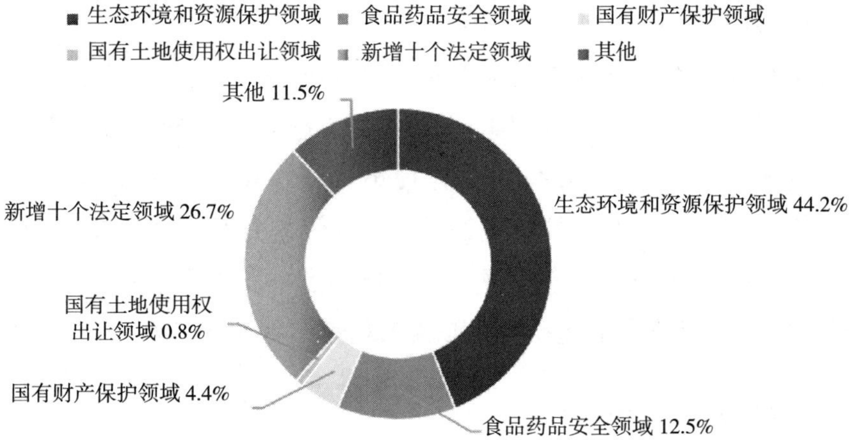

全国检察机关各领域立案数

二是新增法定领域快速发展。全年共办理新增十个法定领域案件50656件，占公益诉讼总数的26.7%。其中，安全生产17286件，涉未成年人保护21538件，个人信息保护6383件，妇女权益保障1490件，英烈保护875件，军人地位和权益保障762件，反电信网络诈骗162件，农产品质量144件，无障碍环境建设1983件等。

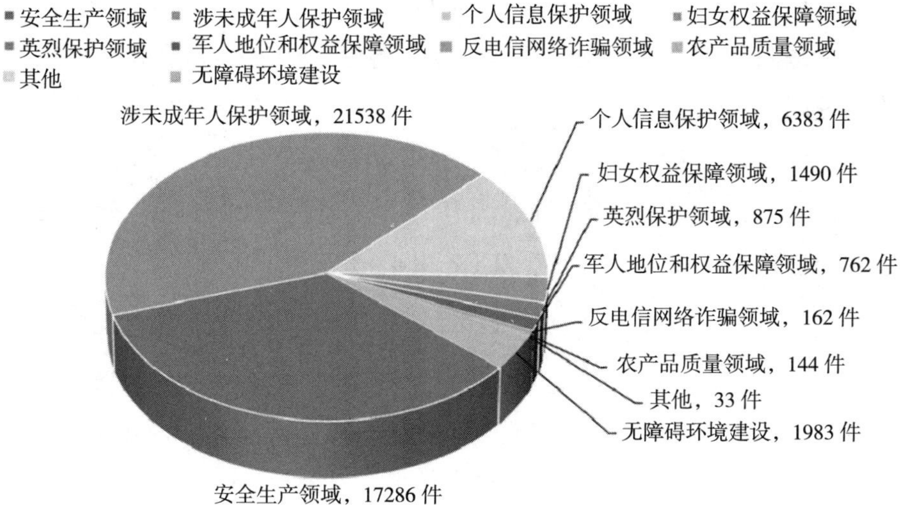

新增法定领域立案数

三是其他新领域积极稳妥探索。全年共办理其他新领域案件21815件，占公益诉讼总数的11.5%。其中，公共安全8489件，文物和文化遗产保护2734件，消费者权益保护1188件，国防和军事利益保护440件，知识产权保护873件，更全方位维护国家利益和社会公共利益。

二、服务保障中国式现代化

2023年，全国检察机关始终以公益诉讼检察担当融入、服务和保障重大国家战略实施，为经济社会高质量发展提供有力司法保障。

（一）落实习近平生态文明思想，助力美丽中国建设

2023年10月，最高人民检察院向十四届全国人民代表大会常务委员会第六次会议报告关于人民检察院生态环境和资源保护检察工作情况。报告充分展示了检察公益诉讼发挥职能作用取得的成效，获得充分肯定。一年来，全国检察机关自觉服务深入打好污染防治攻坚战，全面守护山水林田湖草沙“生命共同体”。

1. 深入打好蓝天保卫战。全年共办理大气污染防治领域公益诉讼案件5800余件。新疆、兵团检察机关开展“乌—昌—石”大气污染防治公益诉讼检察专项监督活动，共办案91件。陕西省检察院部署开展关中地区大气污染防治专项监督，推动整治燃煤、工业、机动车、扬尘等污染。落实应对气候变化国家战略，加大对温室气体排放、高耗能高碳排放项目建设、破坏固碳释氧功能等领域问题办案力度，助推减污降碳协同增效。最高检发布检察机关服务保障碳达峰碳中和典型案例10件。探索适用认购碳汇方式替代生态环境损害修复。福建检察机关在163件案件中运用碳汇开展替代性修复，引导认购林业碳汇1.69万吨、海洋碳汇1.81万吨。

2. 深入打好碧水保卫战。2023年4月12日，最高检在河南郑州

举办首届服务保障黄河国家战略检察论坛，部署检察机关服务保障黄河生态保护治理攻坚战。最高检、水利部联合启动黄河流域水资源保护专项行动。其间，沿黄9省（区）检察机关聚焦未经许可取水、超许可水量取水等问题，办理案件670余件，推动解决了一批黄河流域节水控水突出问题。最高检指导沿黄9省（区）检察机关因地制宜开展流域生态环境多层次保护，上游注重水源涵养功能保护，中游注重荒漠化治理，下游注重滩区保护等，形成保护合力。内蒙古自治区检察院部署开展"助力荒漠化综合防治"公益诉讼专项监督行动，全力打好黄河"几字弯"攻坚战。山东省东平县检察院针对黄河滩区乱建乱占违法养殖等损害公益行为，督促多部门协同履职，推动解决历时15年占地150余亩的滩涂违法养殖历史遗留问题。最高检组织对2022年长江经济带、黄河流域生态警示片反映的234条问题线索集中交办，并对其中16起重点线索挂牌督办。以推进最高检立案办理的长江流域船舶污染治理专案为抓手，重点助力解决需上下游联动、岸上岸下有效衔接的长江流域综合治理突出问题。召开海洋公益诉讼检察研讨会，部署贯彻落实新修订的海洋环境保护法，联合最高人民法院发布9件海洋自然资源与生态环境检察公益诉讼典型案例。指导沿海各地检察机关围绕保护海洋生态环境、守护海洋自然资源、护航海洋经济高质量发展等集中发力，助力海洋综合保护。

3. 深入打好净土保卫战。最高检与自然资源部建立公益诉讼检察与土地执法查处协作配合机制。联合农业农村部开展"公益诉讼助力高标准农田建设"专项监督活动，深入排查整治选址不合规、质量不达标、建后管护不到位、建设资金流失、"非农化"等问题。截至2023年12月，全国检察机关共办理相关公益诉讼案件1426件。江西检察机关开展耕地保护公益诉讼专项活动，督促挽回、复垦被非法改变用途和占用的耕地3.6万余亩。黑龙江、吉林、辽宁检察机关深入开展保护黑土地公益诉讼监督活动，守护好"耕地中的大熊猫"。吉林省检察机关在“检察长巡田”工作中发现外来入侵物种破坏黑土地资源公益损害问题，督促清除域内 7.9 万亩豚草。最高检发布湿地保护和荒漠化防治检察公益诉讼典型案例，引导各级检察机关加大办案力度，推动生态系统化治理和一体化保护。

（二）落实习近平文化思想，助力守护好中华文脉

全国检察机关认真贯彻落实习近平文化思想，深刻把握中华文明突出特性，深刻理解“两个结合”重大意义，充分发挥职能作用助力保护好文物和文化遗产。

1. 因地制宜开展大运河、长城、农耕文化、非物质文化遗产保护等“小专项”。最高检结合文物和文化遗产保护丰富性、地域性特点，指导各地结合本地特色以“小专项”形式积极探索。部署沿大运河 8 省（市）检察机关开展大运河保护专项办案。江苏省扬州市广陵区检察院督促属地政府、水利部门等联合履职，与涉案企业良性沟通，推动解决长达 8 年的非法占用河道公益损害问题。河北、甘肃、陕西、内蒙古、北京等地积极加大长城保护办案力度。山西、河北、内蒙古三地建立跨区域长城保护检察协作机制，破解“边界”保护难题。贵州、山西等地组织开展非物质文化遗产公益诉讼保护专项，办理保护苗族银饰锻制技艺、莜面栲栳栳制作技艺等一批案件。最高检指导浙江、江苏、内蒙古等地检察机关总结推广全球重要农业文化遗产、世界灌溉工程遗产保护典型案例和成功经验，并推出系列新闻报道。

2. 加大各类文物保护办案力度，捍卫中华文明瑰宝。最高检指导各地深入落实习近平总书记关于石窟寺保护利用重要指示精神，协同文物执法部门全面推进石窟寺保护利用。山西省大同市云冈区检察院针对煤炭露天堆放产生煤尘污染、破坏云冈石窟及周边文物等问题，督促行政机关依法履职，推动设立云冈石窟文物保护检察室，形成长效协同保护机制。青海省西宁市城中区检察院督促保护宏觉寺行政公

益诉讼案中，针对使用人不履行修缮义务导致作为历代汉藏文化交流互动桥梁的重点文物出现损毁灭失风险问题，通过公开听证、检察建议等促使行政机关及时开展抢救性修复。北京市东城区检察院与北京军事检察院开展军地协作，针对北京市级文物保护单位，位于中轴线申遗缓冲区的中国现存古建筑中唯一完整的明朝建筑群组“禄米仓胡同73号”存在的诸多危害文物安全、损坏文物历史风貌问题，督促行政机关全面启动保护管理。广东、福建等地检察机关部署开展涉侨涉台文物保护小专项，协同文物保护部门破解职责不明、养护不力、利用不足等难题。广东省江门市、汕头市等侨乡检察机关办理了汀江圩华侨近代建筑群、福成批局旧址等文物保护行政公益诉讼案，几年来办案成效得到多国侨领认可赞扬，海外侨胞踊跃捐赠修缮款项。

3. 助力城乡历史文化保护，留住记忆和乡愁。最高检、住房城乡建设部联合印发《关于在检察公益诉讼中加强协作配合依法做好城乡历史文化保护传承工作的意见》。各地积极开展历史文化名城、城市优秀建筑、传统村落保护专项行动。河北省蔚县检察院在开展历史文化名村保护专项活动中，紧盯古建筑修缮、标志牌设立、人居环境改善等开展监督成效显著，入选国家文物局评选的“第五届最美文物安全守护人”优秀团队。上海市检察机关立足海派文化、江南文化的城市文化特点，加强“一江一河”沿岸工业遗迹、衡复历史风貌区等重点领域保护。安徽省歙县检察院针对履职中发现滩培村内存在古民居濒临倒塌、传统村落风貌遭受破坏等问题，督促行政机关落实监管职责，促进黄山市传统村落保护利用纳入2024年地方人大立法计划。

4. 强化红色资源保护力度，助力赓续红色血脉。最高检持续推进加强革命文物、红色文化遗产以及英雄烈士纪念设施保护、管理和运用，构建长效机制，做好红色资源保护“后半篇文章”。辽宁检察机关办理“抗美援朝”鸭绿江浮桥保护案，成功推动三级文物部门完成浮桥省级文物保护单位标志碑树立、档案完善工作，并全面启动对浮桥本体的抢救性保护。西藏自治区芒康县检察院开展公益诉讼保护红色革命遗迹专项活动，督促对爱国人士邦达·多吉故居“邦达仓”进行全面修缮。山东省宁阳县检察院督促行政机关对汶河阻击战中牺牲的200余名解放军战士散葬烈士墓开展集中管护，运用技术手段核查烈士身份，帮助英烈回归故土。

（三）落实习近平强军思想，助力维护国防和军事利益

2023年是军地开展公益诉讼协作五周年，军地检察机关围绕影响军用机场净空安全、危害军事用海安全、干扰军队演训、阻断指挥通信光缆等加大办案力度，助力服务强军目标、服务备战打仗、服务依法治军。

1. 持续深入开展空军机场净空保护专项行动。最高检、军事检察院、空军有关部门多次召开联席会议，坚持“一案一策”深入推进专项行动有序开展。三方组成联合调研组，先后赴甘肃、辽宁、湖南等地调研督导，督导重点案件办理。辽宁检察机关针对最高检交办某军用机场应急起飞跑道净空安全线索，与军事检察机关和地方政府协同联动，推动案涉搬迁工作全面完成，消除了影响部队飞行训练的安全隐患。内蒙古自治区赤峰市检察院针对某军民合用机场一定范围内违规饲养、放飞鸽子问题，依法开展公益诉讼，推动解决机场周边鸽群危害飞行安全问题。

2. 加大军事设施保护办案力度。昆明军事检察院与贵州省贵阳市花溪区检察院提起全国首例军事设施保护领域行政公益诉讼，被评为“2023年度十大法律监督案例”。内蒙古自治区阿拉善左旗检察院、宁夏回族自治区青铜峡市检察院与永宁县检察院共同建立贺兰山区域军事设施保护检察协作机制，促进跨区域协作。

3. 助力保障人防工程安全。最高检指导各地聚焦人防工程维护管理不当、擅自变更许可审批明确的用途等突出问题，部署人防工程领

域专项监督活动。安徽省军地检察机关密切协作，有效推动解决一批人防工程防护密闭门无法正常启闭、渗水漏水、墙体被破坏等公益损害问题。贵州省遵义市检察院、昆明军事检察院联合办理涉人防设施公益诉讼10件，联合制发检察建议5份，推动15处人防设施得以维护。浙江省检察机关会同杭州军事检察院开展人防工程安全保护专项监督行动，办案50余件。

（四）落实习近平经济思想，服务经济社会高质量发展

全国检察机关聚焦国有财产保护、国有土地使用权出让、反垄断与反不正当竞争、知识产权等领域公益损害问题，持续加大办案力度，护航服务高质量发展。

1. 助力国有财产“颗粒归仓”。内蒙古自治区检察机关共立案办理国有财产保护和国有土地使用权出让领域公益诉讼案件410件，督促收回欠缴的国有土地使用权出让金287.8万元，保护、收回国家所有财产和权益价值19.5亿元。江苏省徐州市鼓楼区检察院办理网红主播偷逃税款行政公益诉讼案，推动税务部门开展网络直播行业专项税务稽查活动，共查补税款及滞纳金3100余万元。广西壮族自治区合浦县检察院结合办案，以“检察建议+专题报告”形式推动税务部门与相关行政机关建立健全耕地占用税税收协作机制，追缴税款3239万余元。贵州省金沙县检察院针对公租房使用管理中存在违规占用、长期闲置、应退未退等问题，促进行政机关清退被违规占用的公租房1215套，维护国有财产价值2亿余元，收回欠缴租金188万元。

2. 助力反垄断和反不正当竞争。加大反垄断公益诉讼办案力度，协同反垄断机构，依法治理排除、限制竞争、垄断协议及经营者集中等垄断行为，维护市场公平竞争。山东省菏泽市检察院针对本地共享单车领域存在的行政性垄断问题开展监督，督促行政机关废止原协议，引进其他3家共享单车运营商进入本地市场，有效促进公平竞争，推动当地共享单车行业健康发展。

3. 助力知识产权保护。最高检指导各地服务保障品牌强国建设，全面加强对地理标志、传统品牌和老字号的司法保护。辽宁、山西、重庆、陕西等地检察机关根据各地地理标志注册和使用情况，针对“丹东草莓”“沁州黄小米”“涪陵榨菜”“汉中仙毫”等进行保护。指导各地加强文化领域的版权保护，尤其注重保护传统文化。江西省景德镇市检察机关建立全国首家陶瓷文化遗产和知识产权检察保护中心，出台《关于加强陶瓷文化遗产和知识产权保护服务国家试验区建设的实施意见》。

三、守护人民群众美好生活

全国检察机关牢记习近平总书记关于“人民对美好生活的向往，就是我们的奋斗目标”的殷殷嘱托，围绕民生领域重点，加大监督力度，增强人民群众获得感、幸福感和安全感。

（一）织密食品药品安全“防护网”

严格落实习近平总书记关于食品药品安全“四个最严”要求，深入推进食品药品安全领域公益诉讼检察工作，切实保障人民群众“舌尖上的安全”。

1. 从“传统”到“网络”，关注新业态涉食品药品安全问题。积极回应社会新关切，最高检指导各地关注解决网络营销、社区团购、医美行业虚假宣传等食品药品安全领域新业态新问题。浙江省海宁市检察院针对社区团购存在“三无”食品问题，向市场监督管理局制发检察建议，督促查处违法行为，促进社区团购食品安全问题全面整治。广东省江门市检察机关聚焦网络餐饮食药安全、冷食类食品、医疗美容等领域问题依法开展公益诉讼监督办案，追偿食品药品惩罚性赔偿金约 1.95 亿元。四川省自由贸易试验区检察院针对食品盲盒未公示食品安全相关重要信息侵害消费者知情权且存在食品安全隐患等问题，向市场监管部门制发检察建议，督促查处违法行为，规范盲盒食品生产经营秩序。内蒙古自治区鄂尔多斯市检察院联合九部门开展专项工作，重点监督医美行业违规宣传、违规经营等行为，向行政机关制发检察建议 7 件。

2. 从“办理”到“治理”，提高食品药品安全领域办案质效。最高检组织开展抗（抑）菌制剂非法添加整治专项监督活动，共立案 2500 余件，制发检察建议 1500 余份，督促行政机关查处涉案产品共计 60 余万件，约 7.3 吨，价值 1700 余万元；督促查处涉案企业近 5600 家，罚款 1100 多万元。各级检察机关在办案中更加注重从个案办理中发现行业监管中的普遍性问题，推动行政机关开展专项整治，完善制度机制，实现源头治理。云南省普洱市检察机关开展督促整治网络平台不规范销售处方药专项行动，督促整治网络违法开展药品销售业务的药店（药企）共计 336 家，推动完善网络平台销售处方药管理制度。江西省赣州市检察院针对部分月子中心存在食品安全、无证诊疗、虚假宣传等问题制发检察建议，推动职能部门对全市 36 家月子中心排查整治。

（二）筑牢信息网络“防火墙”

聚焦网络时代公民个人信息保护更高需求，扎实开展个人信息保护和反电信网络诈骗领域公益诉讼。

1. 加强个人信息保护。最高检与工信、网信部门建立个人信息保护工作联系、协作机制。上海市检察院立案办理的督促整治手机 App 侵害公民个人信息案，督促相关职能部门积极整改并开展专项检查，取得良好监督效果。山东省青岛市市北区检察院对跨境“裸聊”恶势力非法获取公民个人信息 1600 余万条违法行为提起刑事附带民事公益诉讼，在有效保护个人信息的同时推动青岛市反诈平台建设。内蒙古自治区乌兰浩特市检察院运用公益诉讼大数据应用平台筛查和实地走访等方式，累计排查涉及不当公开的个人敏感信息 7 万余条，督促 14 个乡镇街道及 2 家机关单位规范政务信息公开。

2. 协同防治电信网络诈骗。最高检与公安、工信部门就电信网络诈骗领域开展密切协作配合，针对源头风险防范充分发挥公益诉讼独特职能作用，督促相关行政主管部门依法履职，促进诉源治理。江苏省南通市检察院针对“空壳公司”批量申请固话诈骗问题，制发检察建议，督促行政机关加强入网审核，及时清退状态异常的市场主体。贵州省贵阳市南明区检察院针对涉电信网络诈骗“空壳公司”营业执照和对公账户监管不到位公益损害问题，督促市场主体登记机关落实监管责任，依法对涉案企业撤销登记，减少涉电信网络诈骗犯罪滋生土壤。

（三）拧紧生产生活“安全阀”

在统筹高质量发展和高水平安全中依法能动履职，切实守护人民群众生命财产安全。

1. 聚焦重点领域加大办案力度。最高检指导各地扎实推进燃气、建设工程、交通运输、消防、矿山、危化品等领域办案，助推从源头上防范化解重大安全隐患。四川省成都市检察机关构建瓶装液化气行业安全生产类案监督模型，办理瓶装液化石油气非法掺混等公益诉讼案件 19 件，推动行政机关查处相关违法行为 96 起，暂扣瓶装液化石油气钢瓶 3503 只。黑龙江省检察机关部署开展全省校园场馆安全公益诉讼专项监督，对全省 3343 所中小学 3903 个校园场馆进行排查，制发检察建议 88 件，督促行政机关消除安全隐患并形成校园安全管控长效机制。

2. 积极创新工作方式方法。山东省滕州市检察院坚持“类案监督思维”，部署开展“危化品安全公益诉讼专项监督活动”，探索形成了“三融合、三举措、三平台”安全生产监督新模式，推动安全生产事故源头预防。江苏省宝应县检察院针对荷藕企业有限空间安全隐患，制发检察建议，督促实现安全生产标准化整改和分级监管，推动省荷藕行业协会出台《有限空间综合应急预案》。

3. 持续跟进监督“回头看”。紧盯持续整改效果，对诉前整改不到位、符合起诉条件的，依法提起诉讼。贵州省检察机关对168件安全生产领域公益诉讼案件开展“回头看”，发现反弹回潮情形2起，均依法提起诉讼，推动涉案问题得到彻底解决。

（四）撑起特定群体“保护罩”

全国检察机关持续深化对妇女、老年人、残疾人、军人、新业态劳动者、农民工等特定群体权益保护，充分彰显检察公益诉讼制度优势。最高检立案办理药品说明书适老化无障碍改造公益诉讼案，会同住房和城乡建设部、中国残联共同举办“让爱无‘碍’ 共享美好生活”新闻发布会，联合发布一批无障碍环境建设检察公益诉讼典型案例。严格贯彻实施修订后妇女权益保障法，指导地方检察机关针对妇女就业歧视、女职工特殊劳动保护不到位等问题，加大公益诉讼办案力度。江西省检察院针对相关企业未按照规定安置残疾人就业且未缴纳残疾人就业保障金问题依法立案，督促有关行政机关追缴残疾人就业保障金5725万余元，推动征集残疾人就业岗位1000余个。助力新业态劳动者权益保障，最高检加强与全国总工会的交流协作，联合会签《关于协作保障劳动者合法权益的会议纪要》并强化部署落实。天津市检察院与市总工会签订《关于建立职工劳动权益保障协作配合工作机制的意见》等。

四、更好服务国家治理现代化

检察公益诉讼是服务国家治理现代化的公益司法保护“中国方案”。全国检察机关充分发挥制度效能，坚持问题导向，创新工作机制，在更深层次促进国家治理。

（一）聚焦综合治理难题发挥职能作用

检察机关针对跨区域、跨流域、跨部门公益损害问题，统筹发挥一体化办案、跨区域协作、专项监督引领作用，促进相关领域综合治理。一是在流域综合治理方面，最高检发布“检察公益诉讼助力流域生态环境治理典型案例”7 件，为流域案件办理提供参考指引。各级检察机关依托国家重大区域发展战略，完善区域检察协作机制，联动开展线索发现、移送处理、同步监督等工作，推动解决跨区域、跨流域生态环境和资源保护问题。湖北省检察院从流域生态系统的整体性、全局性出发，突出长江、汉江、清江三大流域统筹治理，探索完善“属地检察 + 交叉检察 + 巡回检察”模式，统筹上下游、左右岸、干支流，助力跨流域、跨区划突出问题整治。广东省检察院与福建、江西、湖南等省检察院联合建立粤闽赣毗邻区域、北江中上游流域生态环境公益诉讼省际协作机制。二是在矿业污染综合治理方面，针对污染往往时间跨度长、违法主体多、涉及领域广、遗留问题多、行政机关职责不清等难题，检察机关通过指定管辖、分级立案排除阻力等开展调查，督促不同层级、多个部门全面履职，依法追究违法主体生态损害责任。湖南省检察院办理的“锰三角”矿业污染治理案，涉及环境污染、资源破坏、安全生产风险、水土流失、农产品质量税费欠缴等多重公益损害问题。检察机关发挥行政公益诉讼督促协同作用同时，督促支持政府开展生态环境损害赔偿，为矿业污染综合治理提供了法治样本。

（二）依法能动履职推动诉源治理

不仅关注个案公益修复，更注重通过类案监督主动发现治理短板漏洞。一是从具体公益侵害和侵害危险整改，到系统问题整治。山西省晋城市检察院以整治矿用人员定位系统设备安全隐患为切入点，以点带面推动行政机关对全市115座正常生产建设煤矿开展为期4个月的专项检查，构建全流程管控、全方面检查、全覆盖监管工作机制，有效防范煤炭行业安全生产隐患。贵州省检察机关督促加强对报废汽车回收拆解行业的监督，推动汽修企业规范汽车报废程序，防止营运车辆“带病上路”。二是通过个案办理推动相关部门厘清职责，有效破解“九龙治水而水不治”难题。江西省崇义县检察院针对上堡梯田农业文化遗产、灌溉工程遗产保护中存在的主体职责交叉、保护标准不明确等问题，推动多部门厘清职责、协同治理，助力将“双遗产”纳入文物保护单位管理，促进文化遗产整体和长效保护。三是以案件办理推动形成地方立法等长效机制，完善相关行业、领域、区域治理制度。江苏省镇江市检察院加强预付卡消费领域金融乱象整治，通过办案推动市政府办公室发文，由17家单位建立镇江市单用途预付卡管理联席会议制度，稳步推进建设市级预付卡监管平台。湖南省株洲市检察院推动市人大常委会将公益诉讼纳入《渌水保护若干规定》《电力设施保护若干规定》《物业管理若干规定》《株洲市公共安全视频图像信息系统管理条例》等地方立法。

（三）发挥公益诉讼预防性功能做好前端治理

一是注重从已发生公益侵害向前端延伸，探索预防性公益诉讼。最高检直接办理的快递包装固体废物污染环境案，从循环包装入手，协同督促行政主管部门、快递龙头企业、包装生产企业和电商平台在试点城市推动前端治理，联合相关部门推动出台《深入推进快递包装绿色转型行动方案（2023—2025年）》。江西省宜春市检察机关针对部分危险货物运输企业和运输车辆关闭车载 GPS 动态监管终端逃避监管、未制作危货运输单、非法运输烟花爆竹等违法问题，在督促相关职能部门依法履职的同时，推动公安、交通运输部门共享危险货物办证、车辆在线监控等数据，有效堵塞监管漏洞，切实消除道路安全隐患。二是针对金融证券、网络监管等新领域、新业态公益保护难题，发挥公益诉讼的主动履职特点，以“我管”促“都管”。江苏省宿迁市检察院针对相关电竞酒店提起民事公益诉讼，诉请电竞酒店禁止向未成年人提供互联网上网服务，并在国家级媒体上公开赔礼道歉，法院判决支持检察机关的全部诉讼请求，并推动文旅、公安部门联合下发《关于加强电竞酒店管理中未成年人保护工作的通知》。河北省任丘市检察院在推动盲盒治理工作中，向市场监管部门制发检察建议，并通过社会治理检察建议、致家长信函、指导学校加强教育引导、建立联动机制等方式，以司法保护推动家庭、学校、社会、政府协同发力形成共治格局。

（四）创新方式方法更好释放治理效能

一是在修复方式上创新服务治理。山东省检察院出台《关于生态环境和资源保护领域公益诉讼检察适用替代性修复的指导意见》，22 件公益诉讼案件适用补植复绿、增殖放流、劳务代偿等替代性修复方式。二是在工作机制上创新服务治理。江西省检察机关持续深化“检察建议 + 调研报告”办案模式。2023 年全省运用该模式，共呈报调研报告 119 份，其中 103 份获地方主要领导批示 118 次，推进耕地保护、污染治理、安全生产、个人信息保护、食药安全等领域诉源治理。

五、践行高质效办案价值追求

围绕“高质效办好每一个案件”的检察履职办案基本价值追求，全国检察机关落实以可诉性来提升精准性和规范性，持续提升公益诉讼检察办案质效。

（一）聚焦案件办理，破解难题提质增效

1. 强化调研指导。最高检在全面扎实开展实地调研基础上，梳理各地在具体领域和办案环节中存在的问题，形成《关于公益诉讼办案质效的调研报告》。通过统一业务应用系统数据筛查等方式，针对办案中常见多发的低质效典型问题，以督导会、负面通报等形式作出工作提醒。定期开展专项督导，抓实有代表性高质效公益诉讼案件办理。自2023年9月起每月召开一次督导会，对各省级检察院自办案件逐案点评，并适时下发工作提示和办案动态等；同时压实省级检察院督导本辖区内市、县两级检察院办理有代表性高质效案件的责任，推动办理一批具有影响力和示范引领价值的高质效公益诉讼案件。

2. 强化上级院引领。最高检带头发挥头雁效应。长江流域港口众多，因船舶流动、监管分散、责任不清，船舶污染治理难。最高检经调查核实，决定对长江船舶污染问题以公益诉讼立案，采取最高检负责主案、长江经济带11省（市）检察机关同步办理关联案件的“1+N”办案模式，分层监督、整体推进。截至2023年底，共摸排线索632件，立案办理575件，推动新建和改造船舶防污染设施、完善船舶拆解监管体系，优化船舶污染物接收收费模式和价格，促进多部门协同、全流域联动治理。此外，最高检还直接立案办理了互联网小微型客车租赁行业安全生产隐患、外卖骑手权益保护等案件，着力解决新领域、新业态的公益损害问题。各省级检察院积极啃“硬骨头”、破解新类型公益损害难题。江苏省检察机关聚焦“重点地区、重点月份、重点时段”办理噪声污染治理专案，集中解决了一批群众反映强烈的噪声污染问题，推动13个设区市政府制发文件明确噪声监管责任部门；案件办理后噪声污染信访投诉量同比下降约30%，省域声环境质量得到改善。

3. 强化典型示范。及时总结提炼典型案例，推广更多更好公益诉讼检察实践样本和经验。最高检持续巩固深化“为民办实事 破解老大难”公益诉讼质量提升年专项活动成果，从 2905 件“千案展示”案例中筛选推荐出 100 件“百案评析”和 10 件“十案示范”案例，供各地参考借鉴。以“守护国财国土、助推惠民政策落实”为主题，发布第四十六批指导性案例；发布无障碍环境建设、文物和文化遗产保护、食品药品安全、个人信息保护、耕地保护等领域典型案例 23 批 218 件。

（二）完善机制建设，为高质效办案提供规范保障

1. 进一步明确高质效案件认定标准。引导和鼓励各省级检察院探索形成符合本地特点和工作实际的高质效案件标准，深入推进高质效办案规范建设。北京市检察院、辽宁省检察院专门制定文件，明确高质效案件评价标准；浙江省检察院修改完善公益诉讼重特大案件标准，出台《以高质量解题推动公益诉讼高质效办案十条意见》。

2. 打造不同层次的办案规范体系。最高检制定非法采矿、土壤污染等领域检察公益诉讼办案指引。河北省检察院针对生态环境和资源保护领域中的大气、水、耕地、矿产、湿地、草原、森林、海洋等 8 种具体类型分别制定公益诉讼办案指引。上海市检察院聚焦立案标准、取证要求、证据标准、诉前程序、庭审应对等问题，制定出台 3 个办案指引，对办案全流程各环节做出规范。吉林省检察院深化“小案快办”机制，制定实施《关于依法快速办理简易行政公益诉讼案件的暂行规定》。

（三）强化科技赋能，为高质效办案提供支撑

科技赋能是实现检察公益诉讼现代化的重要发力点。全国检察机关注重向大数据要生产力，落实以数字检察“关键变量”实现高质量发展“最大增量”。

1. 探索建设公益诉讼大数据应用平台。全国多地积极打造公益诉讼智能辅助办案平台，破解线索发现来源渠道和查证机制单一等问题。河北省检察院建成贯通全省三级检察院的公益诉讼检察大数据智能化应用平台，实现案源数据“一池汇聚”、办案“一体指挥”、模型“一键共享”、专项“一图浏览”、成效“一屏展示”。广东省肇庆市检察院充分开发、整合、运用检察机关办案数据资源，实现政务信息、行政执法数据等共享常态化。

2. 深化运用大数据法律监督模型。通过法律监督模型最大程度激发“数据”对公益诉讼检察办案效能的放大和倍增作用。陕西省检察院专门印发《关于加强生态环境和公益诉讼数字检察工作的通知》，指导构建生态环境领域公益诉讼大数据监督模型4类29个。浙江、北京两地检察机关将成品油运输车辆轨迹、运输油量与成品油经营企业缴税油量进行大数据比对，通过该监督模型督促追缴税款5亿余元。山西省检察院针对辖区内企业超许可取用地下水、未依法安装计量设施、未依法缴纳水资源税费等违法现象，推广应用水资源保护法律监督模型，在全省范围内发现相关线索985条，办理类案15件。

3. 强化技术手段辅助办案。积极应对检察公益诉讼案件涉及领域越来越广、专业程度越来越高的新挑战新要求，加快打造以卫星遥感、无人机航拍、快速检测为代表的检察公益诉讼技术支持体系。北京市密云区检察院以北斗导航卫星遥感数据为基础，对地点偏僻、手段隐秘的环境违法行为进行排查，摸排线索48条并全部立案。上海市检察院自主研发并完善公益诉讼全息办案智能辅助系统，积极运用卫星遥感、3D建模、可信时间戳等技术手段辅助办案，有效解决线索发现难问题。辽宁省辽河市检察院与中石油辽河油田安全环保技术监督中心共建公益诉讼检测实验室，该实验室自成立以来协助开展委托检测和实验室分析并出具数据140余个。

六、推动构建公益保护大格局

公益保护是一项系统工程。全国检察机关积极推动构建与其他国家机关、社会组织密切协作，社会公众广泛参与的公益保护格局，促进双赢多赢共赢。

（一）积极争取党委、人大、政府和政协支持

始终坚持党对检察工作的绝对领导，紧紧依靠党委领导、人大监督、政府支持和政协民主监督，将中国特色社会主义政治制度优势转化为检察公益诉讼治理效能。截至目前，全国共有27个省级党委、政府出台支持公益诉讼检察工作的意见，29个省级人大常委会出台加强公益诉讼检察工作的决定。江苏省检察院推行“六长出题”工作机制，全省119家市、县检察院主动对接地方党委书记、人大常委会主任、政府首长、政协主席、政法委书记、检察长，提请“出题”625题，涉及680项公益保护事项，据此开展专项监督477项、办理案件2573件，赢得社会广泛关注、认可。

（二）深化与行政、司法机关等部门协作配合

不断增强与相关部门沟通协作，形成监督、协作的联动网络。一是推动与司法机关更深层次、更广领域的协作交流。最高检联合最高法首次向社会共同发布行政公益诉讼典型案例，在首个“全国生态日”发布生态环境保护检察公益诉讼典型案例。联合最高法、公安部、水利部等部署开展长江河道非法采砂专项打击整治、河湖安全保护专项执法行动。海南省检察院第一分院与海口海事法院签署《关于共建海洋环境资源司法保护协作机制的备忘录》。二是搭建多方协同机制，凝聚公益保护合力。最高检会同国家林草局健全行政执法与检察公益诉讼协作机制，携手抓实林草湿荒保护治理。各级检察机关积极探索联合生态环境、自然资源等主管部门会签协作配合机制，建立

河（湖、林）长+检察长协作治理机制。湖北省检察机关联合发改委、生态环境等14家省直单位会签长江保护修复攻坚战三年实施方案，联合经信、自然资源等17家省直单位会签做好生态环境保护工作的实施意见。青海省检察院与省自然资源厅等7家单位联合建立“中华水塔”守护人+公共利益代表机制，致力构建协同“护塔”生态保护格局。最高检会同国家疾控局等六部门联合印发《关于开展抗（抑）菌制剂突出问题专项整治工作的通知》。针对特殊群体利益保护，河南、云南、陕西、重庆、吉林等地检察机关与当地妇女联合会建立协作机制，实现专业化办案与社会化保护配合衔接；广东省检察机关与市残疾人联合会签署协作机制，共筑残疾人权益保护网。上海市检察院第二分院与市消保委等组织签订合作协议探索建立消费公益诉讼专项基金。

（三）汇聚社会力量共同参与公益保护

持续丰富社会公众参与形式与载体，自觉接受群众监督，有效夯实公益诉讼群众基础。一是深化“益心为公”志愿者检察云平台运用。2023年在全国全面推广上线以来，全国检察机关共招募、聘请“益心为公”志愿者11万余人，志愿者通过平台提报并推送至检察办案系统的线索共1万余条。各级检察机关通过公益诉讼案件专家咨询网共发起案件咨询、邀请参与听证、邀请跟踪观察共计1.9万余件。二是健全完善代表建议、政协提案与公益诉讼检察建议衔接转化机制。湖南省张家界市检察院将检察建议转化为市人大重点处理建议督办件，推动市政府投入2370余万元启动永定城区污水处理提质增效工程建设。四川省泸县检察院根据政协委员关于加强龙桥群文物保护的提案，就辖区内13座龙桥垮塌、构件缺失等问题，督促主管部门投入1046万元对龙桥进行修缮。上海在全国率先出台《公众代表参与公益诉讼案件办理的指导意见》。

（四）加快推进检察公益诉讼立法

2023年是推动检察公益诉讼立法开局之年，专门立法工作驶入快车道，取得积极进展。一是检察公益诉讼立法研究持续深入。最高检应勇检察长提出“公益诉讼检察是习近平法治思想在公益保护领域的生动实践和原创性成果”，并在《学习时报》头版头条刊发署名文章，全面梳理了党中央对检察公益诉讼改革的系统部署，深入分析了检察公益诉讼作为世界法治文明“新样本”“新形态”的实践特色，总结提炼了检察公益诉讼独具中国特色的制度特点，科学回答了制定检察公益诉讼法的现实必要性、可行性和紧迫性。9月21日，会同全国人大监察司法委、最高法、中国法学会联合举办检察公益诉讼立法专题研讨会，邀请多位知名专家学者就检察公益诉讼实践发展、制度建设和理论研究中重点问题开展专题研讨。专家学者在学术研讨中也从不同角度分别进行了论述，认为检察公益诉讼制度是一项中国影响世界的具有创举意义的制度，是习近平法治思想的原创性成果和重要组成部分，具有重大制度创新价值。此外，学术界对检察公益诉讼立法高度关注，多所高校研究形成立法专家建议稿。高质量的理论研究既是对实践经验的总结提炼，也为检察公益诉讼立法提供坚实的理论支撑。二是深入调查研究。坚持问题导向，最高检与最高法通过工作交流会商会等方式就检察公益诉讼立法进行广泛交流和协同研究，并就立法涉及的重点难点问题开展联合调研；与司法部召开工作交流会商会共同推进立法研究。最高检通过各种形式收集地方检察机关立法需求和建议，全面梳理汇总司法实践中需要通过立法解决的突出问题，有必要通过法律形式固定的成功经验，以及检察公益诉讼不同于其他诉讼的特殊规律等，丰富立法实践样本。三是检察公益诉讼立法进程加快推进。年初政法领域立法规划明确做出了部署，9月《十四届全国人大常委会立法规划》将检察公益诉讼法列为一类项目；最高检组织力量形成《检察公益诉讼法（建议稿）》，10月27日，中国法学会专门召开立法专家咨询论证会对建议稿条文进行逐条论证；12月6日，最高检与最高法、司法部、自然资源部、生态环境部、水利部、应急管理部、市场监管总局等七部门共同召开起草工作座谈会，听取各方意见；12月20日，全国人大监察司法委正式启动立法程序。

结　语

2024年，是探索建立检察机关提起公益诉讼制度十周年。十年来，全国检察机关深刻理解领悟习近平总书记对检察公益诉讼工作系列重要指示，用扎扎实实的办案成效丰富了习近平法治思想的检察实践。下一步，全国检察机关将以推动检察公益诉讼专门立法为契机进一步做强公益诉讼检察，聚焦精准规范，持续推动传统法定领域办案提质增效；积极稳妥拓展，有重点分层次加大新增领域办案力度；推动巩固提升，健全完善公益诉讼机制建设；持续强基固本，提升公益诉讼检察专业化水平，自觉为大局服务、为人民司法、为法治担当，为服务保障中国式现代化贡献更多公益诉讼检察力量。

案例解读

ANLI JIEDU

“高质效办好每一个公益诉讼案件 更高水平守护人民群众美好生活”典型案例情况说明

2024 年 2 月 28 日，最高检共发布“高质效办好每一个公益诉讼案件　更高水平守护人民群众美好生活”典型案例 9 件，其中涉及生态环境和资源保护领域 4 件，食品药品安全领域 1 件，文物和文化遗产保护领域 1 件，无障碍环境建设领域 1 件，个人信息保护领域 1 件，安全生产领域 1 件。这批典型案例的主要特点有：

一、回应民生关切，聚焦群众急难愁盼

紧盯人民群众的操心事、揪心事、烦心事，积极回应民生关切，围绕群众普遍关注的公益损害问题，办理了一批提升获得感、幸福感、安全感的案件。如案例一最高检直接立案办理的药品说明书适老化无障碍改造检察公益诉讼专案，督促相关行政机关履行职责，促使药企和互联网平台主动承担主体责任，助推《无障碍环境建设法》增加公益诉讼条款和药品说明书无障碍建设条款，推动国家药监局开展药品说明书适老化及无障碍改革试点，守护老年人、残疾人等特定群体用药安全。

各地检察机关还聚焦经济社会发展中不断涌现的公益损害新问题，找准切入点，及时回应人民群众新期待、新要求。如案例五上海市人民检察院针对部分 App 违反法律规定的合法、正当、必要和诚信原则，违规收集使用用户个人信息，使消费者遭受商业广告的侵扰，或泄露个人信息带来人身、财产安全风险问题，在办案中借助第三方电子取证平台等固定证据，灵活运用磋商、提出检察建议等方式，督促行政

机关依法全面履职，消除公民个人信息泄露风险，切实为群众筑起信息安全“防火墙”。

二、敢啃“硬骨头”，以诉的确认体现司法价值引领

针对长期得不到解决的涉及面广、主体众多、公益受损严重的老大难问题，各地检察机关能动履职、借智借力办理了一批涉及辖区内行业性、系统性公益损害的“硬骨头”案件。有的涉及跨区域、跨流域污染治理问题，有的涉及职能部门监管职责交叉不清问题等。如案例二安徽省人民检察院针对淮河流域跨多个市级行政区划船舶污染问题，采取以事立案的方式统筹推进，针对船舶污染物违规直排、接收处置不规范、违规拆解船舶、岸电设施建设管理不符合规定、船舶作业污染等问题，协同督促交通、海事、住建、环保、渔业、水利等部门在各自职责范围内履职整治。

对于诉前程序无法推动解决的公益损害难题，坚决以“诉”的方式督促行政机关履职，彰显监督刚性。如案例六西藏自治区检察机关督促履行地热水资源保护职责行政公益诉讼案中，检察建议发出后，相关行政机关仅作出责令停止违法行为的决定，未依法作出罚款、没收违法所得、征收水资源费等决定，仍存在履职不到位的情形，国家利益持续处于受侵害状态。检察机关遂依法提起行政公益诉讼，起诉后行政机关全面履职整改，有力保护了国家地热水资源。

三、深化诉源治理，推动形成长效机制

以诉源治理推动社会治理，助推长效机制建设，从源头上解决公益损害突出问题。如案例三江苏省人民检察院督促整治噪声污染公益诉讼案中，针对噪声监管部门职责不清的根源性问题，江苏省人民检察院多次与省相关主管部门、属地市政府进行磋商，推动江

苏省13个设区市陆续出台文件明确监管部门职责，助推修订后的《噪声污染防治法》有关条款真正落地。再如案例四贵州省人民检察院聚焦红枫湖百花湖饮用水水资源保护中的跨区域治理难题，推动有关行政机关和地方政府统一监管执法，形成齐抓共管良好格局，推动流域水资源保护综合治理。又如案例七新疆维吾尔自治区人民检察院为全面保护库木吐喇石窟寺，将监督视角从末端前移至损害前，确定主责部门，积极开展磋商，提出系统治理建议，推动多部门厘清职责、协同治理，健全机制，促进全国重点文物保护的长效保护。还有案例九浙江省绍兴市检察机关围绕燃气、燃料安全，通过办案助推完善重点行业领域监管体系，常态化推进系统摸排、综合监管，夯实安全生产社会基础，织密安全生产监管网络，实现“办理一案、治理一片、惠及一方”。

四、突出以点带面，最高检和省级院带头自办案件

在这批典型案例中，有1件是最高检直接立案办理、6件是省级院直接立案办理的案件。最高检、省级院自办案件，充分发挥了上级院办理有影响力案件的示范引领作用，进一步突出高质效办案导向。如案例三江苏省人民检察院针对全省范围内普遍存在的噪声污染问题直接立案，由检察长担任主办检察官，省市县三级院同步成立以本级检察长为组长的办案组，有力助推了全省噪声污染综合治理。再如案例六西藏自治区人民检察院针对监督对象层级较高的问题决定以事立案，与区水利厅、自然资源厅、税务局开展磋商，取得良好办案效果。又如案例二安徽省人民检察院针对跨流域环境治理问题，组建“1+N”三级院一体化办案组，上下联动、分层监督，推动系统解决流域船舶污染的区域性、机制性难题。

五、强化科技赋能，为高质效办案释放新动能

法律监督模型的充分运用，卫星遥感等先进技术与办案的深度融合等，成为高质效办案的重要辅助手段。如案例八，针对网络餐饮食品安全领域违法主体范围广、违法行为隐蔽性强、执法难度大等突出问题，吉林省长春经济技术开发区人民检察院积极研发网络餐饮食品安全法律监督模型，通过相关数据的深度关联、碰撞和筛查，将海量数据源转化为食品安全隐患案件线索，以类案监督实现溯源治理，守护人民群众“舌尖上的安全”。又如案例七新疆维吾尔自治区人民检察院办理保护库木吐喇石窟寺行政公益诉讼案中，委托最高检司法鉴定中心和中科院空天院，运用大气遥感卫星等技术，对石窟周边工业生产排放的有害物质对石窟及壁画产生的危害进行评估，调用检察技术人员运用无人机倾斜摄影测量技术并3D建模对案涉区域进行现场勘查，确保对公益损害事实精准认定，有力维护了文物安全。

高质效办好每一个案件
切实维护消费者合法权益

——最高检第八检察厅负责人就“3·15”消费者权益保护检察公益诉讼典型案例答记者问

为深入贯彻落实习近平总书记关于食品药品安全“四个最严”要求，发挥典型案例的示范引领作用，引导各级检察机关强化精准监督，高质效办好每一个案件。在“3·15”国际消费者权益保护日当天，最高人民检察院发布10件消费者权益保护检察公益诉讼典型案例。就发布此批典型案例的考虑、案例主要特点、食品药品安全领域检察公益诉讼有哪些好的经验做法及下一步工作打算，最高检第八检察厅（也称公益诉讼检察厅）负责人回答了记者提问。

问：最高检本次发布消费者权益保护检察公益诉讼典型案例的主要考虑是什么？

答：2023年，全国各级检察机关深入贯彻习近平总书记关于食品药品“四个最严”要求，共立案办理食品药品安全领域公益诉讼案件23000余件，同比增加16.8%。其中涉食品（含食用农产品）安全18000余件，涉药品安全近5000件。行政公益诉讼案件19000余件，提出诉前检察建议14000余件，起诉37件；立案办理民事公益诉讼近5000件，起诉2000余件，支持起诉19件，提出惩罚性赔偿2000余件，督促查处假冒伪劣食品约33万千克，假药、劣药和走私药品约8880千克。此外，探索办理食品药品安全以外的消费者权益保护公益诉讼案件1000余件。

一是持之以恒落实习近平总书记关于食品药品“四个最严”要求，体现检察担当。民以食为天，药以安为先，食品药品安全关系到人民群众的身体健康、生命安全。习近平总书记多次强调，要切实加强食品药品安全监管，以“四个最严”的标准，加快建立科学完善的食药安全治理体系。全国检察机关从政治上着眼，从法治上着力，始终把解决食品药品安全领域多发频发、群众密切关注且反映强烈的突出问题作为工作重点，持续加大办案力度，高质效办好每一个案件，保障群众饮食安全和用药安全。

二是持续推动食品药品安全领域检察公益诉讼案件提质增效，发挥典型案例示范引领作用。党的二十大报告部署“加强检察机关法律监督工作”“完善公益诉讼制度”，对各领域检察公益诉讼高质效办案和制度完善提出了更高的要求。近年来，有关部门深入实施食品药品安全战略，食品药品安全总体形势不断好转，但随着新业态的兴起，新问题随之出现，公益诉讼检察履职面临新的挑战。最高检此次发布检察机关消费者权益保护公益诉讼典型案例，紧盯食品药品安全新形势下人民群众关注的新问题，综合运用行政公益诉讼、民事公益诉讼、支持起诉等多种履职方式，为全国检察机关如何高质效办好新业态、新类型案件提供可推广、可复制的经验。

问：此次发布的消费者权益保护检察公益诉讼典型案例主要有哪些特点？

答：最高检本次发布检察机关消费者权益保护公益诉讼典型案例10件，其中行政公益诉讼案件7件，民事公益诉讼和支持起诉案件3件。本批案例的主要特点有：

一是积极回应社会关切，聚焦解决消费者关注度高、影响恶劣的食品药品安全问题。食品药品安全涉及群众基本利益，检察机关密切关注食品药品安全热点问题，旨在解决人民群众密切关注、反映强烈的食药安全问题。如海南省文昌市检察院针对水产养殖领域“人药兽用”、兽药滥用现象，通过制发诉前检察建议督促行政机关强化监管，提高养殖户安全用药意识，制止“人药兽用”、兽药滥用，消除水产品安全隐患，保护人民群众“舌尖上的安全”；河北省邯郸市丛台区检察院针对生产、销售非法添加工业用甲醛动物血制品的违法行为，在诉前建议到期后行政机关既未书面回复又未履职的，以诉的方式督促行政机关依法履职，彰显监督刚性。

二是紧盯新业态中出现的食品药品安全新问题，推动建立行业监管的新方法、新规则、新机制。各级检察机关紧盯社会经济发展热点，不断更新办案理念创新办案方法，能动履职，推动解决新业态中的新问题。如北京铁路运输检察院聚焦互联网营销新业态治理，针对短视频平台上“探店达人”“达人体验”等餐饮店铺互联网营销模式中收费探店视频侵害消费者合法权益的违法违规行为，依法督促行政机关对MCN机构加强监管，规范收费探店视频广告发布行为，切实保障消费者知情权，维护网络食品消费安全；贵州省安顺市西秀区检察院针对跨境代购含违禁物质的减肥药，通过网络发展下线实施多级分销的行为依法提起刑事附带民事公益诉讼，并提出惩罚性赔偿诉讼请求。

三是牢牢把握民生无小事的办案方向，着力解决老百姓身边的烦心事、揪心事、操心事。民生无小事，枝叶总关情。民生是最重要的社会公共利益之一，特别是老百姓身边可见、可触、可感的食品药品安全方面的烦心事、揪心事、操心事，是检察公益诉讼需要着力解决的“大事”。如浙江省宁海县检察院针对农贸市场商户违规使用生鲜灯误导消费者问题，督促行政机关将生鲜灯整治案件作为专项活动在全市推广，全市累计更换生鲜美颜灯1.4万余盏，促进农贸市场规范运营；福建省龙岩市检察机关针对医疗、生活美容行业暴露出的虚假宣传、无证经营、违规使用美容药品和医疗器械等突出问题，通过大数据检索构建法律监督模型全面梳理市域内医疗美容安全管理隐患，推动落实美容行业经营者、网络交易第三方平台主体责任，有效保障消费者医疗美容安全需求；广西壮族自治区桂林市象山区检察院针对进口商品连锁超市将境外药品作为普通商品违法销售的行为，督促行政机关将其纳入监管范围，以点带面开展专项整治。

四是综合运用多种履职方式，推动消费者权益保护的协同共治。食品药品安全消费者权益保护不是公益诉讼检察部门的“单打独斗”，各级检察机关强化“四大检察”协同履职，推动与行政机关的协作共治和社会力量的保护合力，凝聚各方力量共同守护公共利益。如广东省深圳市南山区检察院针对销售明知是假冒注册商标且不符合食品安全国家标准的婴幼儿奶瓶奶嘴的违法犯罪行为，强化刑事、知识产权、公益诉讼等多种检察职能综合履行，提起刑事附带民事公益诉讼，维护消费者合法权益和未成年人身体健康；河南省信阳市固始县检察院针对假冒宫颈癌疫苗反映出的疫苗接种工作不规范等问题，充分发挥公益诉讼职能，通过诉前检察建议督促相关职能部门依法履职，推动行业系统治理，切实保护消费者合法权益；重庆市人民检察院第一分院针对某汽车销售公司设置不公平格式合同条款的行为，依法支持市消费者权益保护委员会提起民事公益诉讼，推动与行政主管部门、公益组织形成合力，维护消费者合法权益。

问：下一步，检察机关将采取哪些措施推动食品药品安全领域公益诉讼工作走深走实？

答：2024年，我们将坚持以习近平新时代中国特色社会主义思想为指导，深入贯彻习近平法治思想，自觉为大局服务、为人民司法、为法治担当，高质效办好每一个案件，切实推动食品药品安全领域公益诉讼工作高质量发展，为食品药品安全和消费者权益保护贡献检察之力。

一是以高质效办案助力社会治理。为切实保障人民群众健康安全，推进食品、药品、农产品领域案件高质效办理工作，2024年2月至12月，最高检在全国检察机关部署开展“检护民生”专项行动，聚焦社区团购、网络营销、直播带货等新业态涉食品安全问题开展专项监督。围绕“检护民生”专项行动，最高检部署食品药品安全领域系列重点工作，包括督促预制菜产业规范发展；督促整治食品药品网络直播营销乱象；督促整治食用农产品农药、兽药、重金属残留超标问题；督促整治食品掺假掺杂，超范围、超限量使用食品添加剂问题；督促互联网诊疗规范发展；督促整治药物滥用问题；督促整治过度医疗问题等消费者密切关注的食品药品安全问题。最高检、省级院将持续加大自办案件力度，聚焦人民群众反映强烈、社会影响较大的食品药品安全领域公益损害问题，整合优势资源，发挥示范引领作用。各级检察机关将以实实在在的履职办案解决群众的急难愁盼、补足行政监管的短板漏洞，助力国家治理现代化。

二是以调研督导完善制度机制。通过调研指导，探索解决食品安全、农产品质量安全、药品安全领域重难点问题；及时总结、推广各地优秀经验做法，充分发挥先进地区的辐射带动效用；对办案质效明显偏弱的地方，加强督导、指导和典型案例示范引领。在充分调研基础上，最高检将联合最高法出台关于食品药品安全领域民事公益诉讼案件适用惩罚性赔偿若干问题的指导意见，就公益诉讼惩罚性赔偿案件适用范围、条件、赔偿标准等相关问题作出明确规定，为办案提供明确依据和指导。

三是以技术支撑畅通协作治理合力。指导各地加强大数据战略思维，围绕食品药品安全领域公益诉讼检察的重点监督领域，加强执法司法信息共享，强化数据分析研判和运用，将数字分析技术与公益诉讼办案深度融合，以数字技术支撑提升办案质效。坚持“一盘棋”思维，持续细化内部联动、深化外部协同，织密织细食品药品安全执法、司法保护网。加强与行政机关、消费者权益保护组织、社会检验检测中心的协作配合，为检察机关办案提供取证勘查、检测、鉴定、评估等技术服务支持，提升公益诉讼检察工作的公信力和专业化水平。

工作研究

GONGZUO YANJIU

做好老年人权益保障检察公益诉讼服务银发经济高质量发展*

邱景辉**

发展银发经济，满足老年群众多方面需求，妥善解决人口老龄化带来的社会问题，事关国家发展全局，事关人民福祉。2024年1月11日，国务院办公厅发布《关于发展银发经济增进老年人福祉的意见》（以下简称《意见》），对贯彻落实中央经济工作会议关于发展银发经济、中央金融工作会议关于做好普惠金融和养老金融、中央农村工作会议关于完善农村养老公共服务体系等重大决策部署，提出明确具体要求。

党的中心工作推动到哪里，检察工作就要跟进到哪里。对照《意见》跟进监督，检察公益诉讼可以发挥"以更高效率、更低成本争取最佳办案效果"的制度优势。

一、做强穿透式监督，为普惠金融、养老金融提供法治保障

发展银发经济，特别是拓宽消费供给渠道，丰富发展养老金融产品，必须以高水平安全保障高质量发展。检察机关要坚持底线思维，在依法严厉打击以投资"养老项目"、销售"养老产品"、宣称"以房养老"、代办"养老保险"、开展"养老帮扶"等名目侵害老年人合法权益的各类诈骗犯罪的同时，更加注重协同相关职能部门加强风险防控，开展穿透式监督，合力守护老年人和相关公益慈善、国家财政的

---

* 本文原载于《检察日报》2024年2月1日，第7版。

** 邱景辉，最高人民检察院第八检察厅副厅长。

“钱袋子”。

检察机关可以依据反电信网络诈骗法相关规定，督促银行业金融机构建立反电信网络诈骗内部控制机制和安全责任制度，重点加强普惠金融、养老金融等新业务涉诈风险安全评估；督促银行业金融机构、非银行支付机构建立客户尽职调查制度，依法识别受益所有人，采取相应风险管理措施，重点防范老年人的银行账户、支付账户等被用于电信网络诈骗活动；建立完善符合电信网络诈骗活动特征特别是涉老诈骗的异常账户和可疑交易监测机制，并根据风险情况，采取核实交易情况、重新核验身份、延迟支付结算、限制或者中止有关业务等必要的防范措施。

检察机关可以依据个人信息保护法相关规定，督促个人信息处理者依法严格保护老年人的生物识别、特定身份、医疗健康、金融账户、行踪轨迹等敏感个人信息，防止泄露或者非法使用导致老年人的人格尊严受到侵害或者人身、财产安全受到危害。

“十四五”时期，国家重点提供老年人面临家庭和个人难以应对的失能、残疾、无人照顾等困难时的基本养老服务，依托全国一体化政务服务平台，推进跨部门数据共享，建立困难老年人精准识别和动态管理机制，逐步实现“服务找人”。检察机关在依法推动困难老年人身份识别、待遇享受、服务递送、无障碍环境建设等资源整合的同时，要督促相关责任主体严格保护独居、空巢、留守、失能、重残、计划生育特殊家庭等老年人的个人信息安全。

推进普惠金融高质量发展，鼓励探索开发各类投保简单、交费灵活、收益稳健、收益形式多样的商业养老年金保险产品。这需要建立健全相应的监管体系和规则，加快补齐风险预防预警处置问责制度短板。近日，北京公安机关破获一起以办理保单升级为由，利用部分老年人不熟悉保险业务流程和智能手机操作，设置“代理退保”陷阱的养老诈骗案。区别于电信网络诈骗的“远程、非接触”方式，该诈骗团伙通过电话和话术冒充“保险公司”“业务员”“店长”骗取信任，再面对面用老年人的手机操作退保并购买所谓“高收益”理财产品，待老年人陷入圈套后再收取高额“代理维权”手续费，甚至侵占老年人的退保资金。诈骗团伙之所以屡屡得手，要害在于非法获取并利用了老年人的保单信息。

应对线上线下一体化的诈骗方式，需要反诈手段相应升级。《意见》提出“引导电商平台、大型商超举办主题购物节，设计老年版专用界面，支持设立银发消费专区，鼓励子女线上下单、老人线下体验服务”，可以拓展用于推动普惠金融、养老金融 App 数据合规和信息无障碍。为防止生成式人工智能、深度合成技术被用于养老诈骗，有必要大力整治滥用人脸识别技术的乱象。保险等金融行业“捉内鬼”行动，也应当抓紧溯源、倒查。

为监督保障用好普惠金融、养老金融相关财税政策支持工具，同步加强相关国有财产保护领域检察公益诉讼势在必行。近期，检察机关在调查核实骗取农用机械购置补贴问题时发现，一些经销商冒用农村老年人名义申领大额农机补贴，背后可能存在监管失职渎职、贪污贿赂。为此，加强检察公益诉讼与检察侦查的衔接协同，特别是依法行使机动侦查权，从重大公益损害案件中发现并查办国家机关工作人员利用职权实施的重大犯罪，需要抓紧研究探索。

二、突出预防功能，重点推进适老化建设和改造的标准化

《意见》要求“推进公共空间、消费场所等无障碍建设”，“推进互联网应用改造，保留涉及老年人的高频事项线下服务”，“推动老年食品、药品、用品等的说明书和宣传材料适老化”等，检察机关依据无障碍环境建设法相关规定，已经将其纳入检察公益诉讼监督办案重点，正在高标准推进设施无障碍、信息无障碍、服务无障碍。可以结

合《意见》提出的“在养老服务、文化和旅游、老年用品、适老化改造、智能技术应用等领域开展标准化试点”，更加注重抓前端、治未病，依法开展预防性检察公益诉讼。一方面要“守底线”，推动在安全生产、公共安全、产品质量安全、数据安全、金融安全等领域更有效防控风险。另一方面要“算大账”，发挥高标准建设对银发经济乃至整体经济高质量发展的基础性战略性作用。

检察机关要学习借鉴住建部发布的城市适老化建设和改造典型案例，从源头全过程监督保障无障碍设施与主体工程同步规划、同步设计、同步施工、同步验收、同步交付使用，并与周边的无障碍设施有效衔接、实现贯通。要以交通运输部等六部门联合发布的《关于进一步加强适老化无障碍出行服务工作的通知》为契机，通过整治春运集中暴露的突出问题，推动完善无障碍出行服务标准化。要结合工信部印发的《促进数字技术适老化高质量发展工作方案》，通过监督办案推动消除“数字鸿沟”的科技向善标准规范体系更加健全。要对照市场监管总局与中国残联发布的《无障碍环境认证实施规则》，监督支持依法认证及采信应用，严肃惩治虚假认证等违法认证行为，促进更多高质量的安全、便利、实用的适老化无障碍产品、服务，帮助老年人追求享受老龄化条件下的高品质生活。

三、打造专业办案团队，完善老年人检察的社会支持体系

依据《国家人权行动计划（2021—2025年）》，老年人和妇女、儿童、残疾人、少数民族作为“特定群体权益保障”的对象，应当专门保护、系统保护。未成年人保护法和妇女权益保障法专设检察公益诉讼条款，为在修订老年人权益保障法时作出配套规定，或者在检察公益诉讼专门立法中将老年人等特定群体权益保障统一纳入案件范围，提供了立法样本和范例，需要在检察实践中进一步积累经验和案例。

例如，党的二十大报告明确要求建立长期护理保险制度，《意见》进一步提出“积极发展商业医疗保险和商业长期护理保险，开展人寿保险与长期护理保险责任转换业务试点工作，加强养老金融产品研发与健康、养老照护等服务衔接”。自2016年起试点的“长护险”，由护理服务机构的养老护理员对长期处于失能状态的参保人员进行居家照护，费用主要由医疗保险基金支付。上海检察机关在履职中发现，有人利用仅凭手机打卡和被护理对象签字确认就能结算工作量、发放报酬的管理漏洞，借用他人护工证，虚报工作频次、时长，骗取医保金。

上海市嘉定区检察院在办案中研发了数据监督模型，通过对护工的社保缴纳记录、考勤记录、护理记录进行比对，筛选出异常数据，结合核查劳务合同、走访护理对象等方式，精准锁定犯罪嫌疑人，在刑事追诉、行政处罚、追赃挽损的同时，会同公安、卫健、医保、人社等部门追根溯源、强化监管、堵漏建制。

开展“长护险”专项监督的队伍中，有2023年度法治人物、全国模范检察官、上海市静安区检察院副检察长马玮玮带领的老年人检察办案团队。马玮玮曾经从主办的非法吸收公众存款、集资诈骗等刑事案件中，总结形成“穿透式审查、实质性判断”的指控逻辑体系和类案办理范式。优化涉老犯罪案件轻罪治理、支持老年人依法行使诉权、纠正涉老行政违法行为并举，检察公益诉讼融合监督、兜底保障的老年人检察工作模式，正在静安孵化。

未成年人检察工作经验证明，除了专业的办案团队，完备的社会支持体系也必不可少。当前，超过十万名来自各行各业的“益心为公”志愿者，就是社会支持体系的重要组成部分，在弥补检察公益诉讼法定领域案件范围持续拓展伴随的专业性短板和调查核实能力不足等方面，发挥着越来越重要的作用。

《意见》提出“涵养老年人力资源，支持老年人参与文明实践、公益慈善、志愿服务、科教文卫等事业”。检察机关可以鼓励热心公益的退休检察官成为“益心为公”志愿者，重点用于辅助检察办案团队精准规范办案，借助他们老有所为，引领大家尽力而为，不让老年人的燃眉之急，成为年轻人的后顾之忧。

进一步提升食品药品安全检察公益诉讼办案水平　切实保障人民群众生命健康

刘家璞　解文轶　王宏卫*

食品药品安全直接关系人民群众的身体健康和生命安全，是重大的政治问题、民生问题。习近平总书记多次强调保障食品安全、药品安全的重要性。近年来，食品药品安全总体形势不断好转，但形势依然复杂严峻，食品药品安全检察公益诉讼面临新挑战新要求。最高检党组提出让“高质效办好每一个案件”成为新时代新征程检察履职办案的基本价值追求。应勇检察长要求，公益诉讼检察要突出“精准性”“规范性”，突出抓好法定领域办案工作，多办有影响、效果好的案件。作为传统法定领域，食品药品安全检察公益诉讼应当进一步加大高质效办案力度，切实保障人民群众生命健康，更好地服务检察公益诉讼专门立法。

一、深刻认识食品药品安全领域检察公益诉讼工作存在的问题

坚持问题导向，是习近平新时代中国特色社会主义思想“六个必须坚持”的重要内容。坚持问题导向，首先就要科学地认识、准确地把握发展中出现的不足与困难。从当前食品药品安全检察公益诉讼实践来看，主要存在以下问题：

---

* 刘家璞，最高人民检察院第八检察厅主办检察官、二级高级检察官；解文轶，最高人民检察院第八检察厅三级高级检察官；王宏卫，广东省广州市海珠区人民检察院第五检察部主任、四级高级检察官。

（一）从办案数量看，离高质效办案要求还有较大差距

高质效办案是效率、质量和效果的有机统一，既要有质量的数量，也要有数量的质量。但食品药品安全检察公益诉讼实践则呈现出办案数量相对不高、高质效案件不多、地区办案不均衡等问题。一是食品药品安全领域在检察公益诉讼办案中占比相对较低。食品药品安全检察公益诉讼立案数和立案总数的占比曾达30%以上，但近三年仅占立案总数的13%左右。二是有重大影响的案件相对较少。近三年最高检发布公益诉讼主题（不含未成年人保护公益诉讼主题）指导性案例4批14件，但涉食品药品安全公益诉讼仅1件；2023年最高检以公益诉讼（不含未成年人检察公益诉讼主题）为主题发布典型案例23批217件，涉食品药品安全公益诉讼仅2批18件，在2批“公益诉讼守护美好生活”典型案例及行政公益诉讼典型案例中发布食品药品安全相关典型案例10件。三是地区办案不均衡问题突出。从各地办案数据来看，食品药品安全办案差距明显。2023年辽宁、安徽、广东等8省检察机关立案办理食品药品安全公益诉讼案件均在1000件以上，但有9个省份全年立案数尚不足300件。

（二）从案件类型看，食品药品安全领域覆盖广度深度不够

通过案件类型分析，食品药品安全检察公益诉讼还存在明显的短板弱项，无论是广度还是深度，均有较大的上升空间。一是从案件来源渠道看，《人民检察院公益诉讼办案规则》第24条列出的线索来源有六类。但在食品药品安全领域，线索来源主要是检察机关自行发现，具体表现为检察机关在专项监督中自行发现和从刑事检察案件办案中发现。二是从涉案标的看，覆盖的食品药品类型还不够广。如食品安全中涉及直播带货、预制菜等新业态以及农村食品安全、食用农产品安全等案件不多。药品安全中涉及疫苗、血清、精神类药品、新药等法定药品案件不多。三是从违法行为主体和案涉环节看，影响面相对

较小的案件多，主要集中于“小”“散”“乱”主体违法生产经营环节，而涉及较大规模主体的生产经营行为，涉及食品药品研发、批发、存储、运输等环节的案件不多。

（三）从案件特点看，食品药品安全领域办案难度较大

检察公益诉讼的立足点是法律监督，是精准发现案件线索、规范调查取证、准确认定事实、依法提出法律意见的过程。当前，食品药品安全案件因其自身特点、规律，导致线索发现难、精准审查难、妥善处理难。一是专业壁垒较高，导致线索发现难。食品药品生产经营过程具有较强专业性，国家标准、行业技术规范多，导致法律事实认定和因果关系的判定都有较高专业知识壁垒，相比“肉眼可见”的生态环境受损案件，在食品药品领域，无论是普通群众还是检察机关都面临线索发现难的困境。二是法律关系复杂，导致精准审查难。因为食品药品安全公益诉讼案件涉及消费者众多，同时由于违法主体多发于小散商户，财务制度不健全，销售价款计算难。食品药品生产、销售、存储、流通环节多、链条长，各主体间法律关系和责任范围审查困难。此外，在互联网和快递物流的加持下，食品药品生产经营流通覆盖区域广、线下线上行为交织，导致难以取证。三是公益私益交织，导致妥善办理难。食品药品安全公益诉讼案件中，既有消费者被侵害的私益，也有众多消费者的公益。消费者私益救济和公益维护之间的利益交织，对办案的社会效果要求高。

（四）从办案主体看，队伍业务素能还有待进一步提升

办案质效能否提升，队伍的素质能力是基础。当前作为办案主阵地的基层检察机关面临办案人员政治站位不高、监督意识弱化、办案水平不足等问题。一是思想认识不够。对于食品药品安全公益诉讼守护人民群众身体健康、生命安全的重要性及其作为检察公益诉讼办案

基本盘的传统法定领域定位认识不足，有时倾向选择易办理、整改快、易出案件数的案件。二是监督意识弱化。个别办案人员对检察公益诉讼是法律监督、司法监督的职能定位认识不足，导致办案中监督办案的意识弱化，过分关注与行政机关的协同，主动监督的能动性不足。三是检察技术能力不足。当前检察机关技术条线开展食品药品检测检验专业支持的设施配备和人员力量明显不足，无法满足现实办案需要；大数据法律监督模型还不多，应用不够广泛，靠传统方式摸排案件线索、调查固定证据的情况还比较普遍。

（五）从法律适用看，食品药品安全领域实践和理论争议多

司法必须坚持以事实为依据，以法律为准绳。然而由于民事诉讼法、行政诉讼法中有关检察公益诉讼的规定仅有一款，在食品药品安全领域实体法中，同样缺少公益损害责任的规定，一定程度影响了案件办理力度。一是案件范围仍然存在不同认识。诉讼法对于食品药品安全检察公益诉讼规定使用了“食品药品安全”的表述，但由于“安全”一词的模糊性，无论是学术界还是司法实务界，仍有不少意见将安全问题狭义理解为有毒、有害，部分地区仍然存在食品药品安全检察公益诉讼起诉难、判决难的情形。二是制度衔接问题。一方面，程序法上社会组织优先起诉权与检察公益诉讼的衔接是单向的。实践中检察公益诉讼通过发布公告而保障社会组织优先诉权。但对于社会组织不当行使优先诉权时，检察公益诉讼如何行使诉权缺乏明确规定。另一方面，程序法上规定了检察公益诉讼制度，但实体法上缺乏对公益损害责任的规定，导致学术界和司法实务界对检察公益诉讼诉求的责任承担方式存在不同意见，有些意见过分强调民事责任诉求的私权性。三是惩罚性赔偿的适用争议较大。目前关于检察机关能否适用惩罚性赔偿，以及惩罚性赔偿与行政罚款、刑事罚金之间的关系，检察公益诉讼惩罚性赔偿诉讼与消费者私益惩罚性赔偿诉讼之间的关系，

惩罚性赔偿金的管理和使用等仍然是学界争议的焦点，实践中各地做法也不尽相同。

二、系统总结食品药品安全领域检察公益诉讼办案形成的经验做法

习近平总书记指出，工作什么时候也会有好的、差的，先进的、落后的。食品药品安全检察公益诉讼实践亦是如此，很多地方检察机关在实践中积累了有益的经验探索。

（一）聚焦民生热点和社会关切，通过各层级专项监督提升办案质效

检察机关聚焦食品药品安全热点问题，通过组织专项监督，明确监督事项、监督方式，推动行业问题集中治理，“全国专项＋省、市域专项＋区域专项”工作模式初步形成。如最高检聚焦抗（抑）菌制剂违规添加问题，部署开展专项监督活动，直接推动全国检察机关立案办理2500余件，对抗（抑）菌制剂违规添加和虚假宣传进行源头治理，推动整体行业升级换代、规范发展。省级院、市级院立足本省、市实际组织特色专项。如北京市检察机关组织开展小区二次供水安全、农贸市场和商超食品安全、特殊类别食品安全等专项监督，集中力量推动相关问题全面整改。

（二）上级院带头立办案件，上下一体履职加强案件指导督导

高质效履职对办案能力和水平要求较高，部分省级院带头直接办案或通过全程参与等形式，示范和指导带动基层检察院办案，效果明显。一些省级院带头直接立办有影响的案件，如上海、广东、浙江等省级院直接立案办理食品药品安全高质效案件，为基层办案提供示范。还有一些省、市院为基层破解办案困境提供个案指导。如湖北省院指

导黄石市院诉某医院过度医疗民事公益诉讼案，帮助解决损害后果确定及违法性认定等问题；安徽省院指导马鞍山市花山区院诉某行政机关行政公益诉讼案，对涉案诊所违规出售第二类精神药品的行为性质进行法律论证。

（三）强化四大检察综合履职，畅通案件线索渠道推动诉源治理

在“四个最严”的要求下，食品药品安全问题刑事入罪标准相对较低。结合食品药品调查取证难以及检察机关内设部门更容易破除“信息壁垒”，刑事案件自然成为食品药品安全公益诉讼案件最便捷的高质效线索渠道。各级检察机关多已建立刑事检察与公益诉讼检察线索移送和办案衔接机制。通过刑事检察和公益诉讼检察综合履职，一方面，有利于精准规范办理高质效检察公益诉讼案件，及时维护受损的公共利益。另一方面，有利于发挥检察公益诉讼督促之诉、协同之诉的职能作用，推动食品药品刑事犯罪诉源治理，预防违法犯罪。

（四）注重沟通协作，广泛争取支持，凝聚执法司法合力推动协同共治

检察公益诉讼不是“单打独斗”，尤其在食品药品安全检察公益诉讼实践中，沟通协作对于争取支持凝聚治理合力，守护千家万户“舌尖上的安全”发挥作用更加明显。一是积极汇报请示，主动争取党委、政府支持。如安徽省院报送的有毒、有害食品药品需系统治理、综合治理的调研报告获时任省委书记批示，为当地检察机关食品药品检察公益诉讼开展提供了强大动力。二是协同行政机关，共同破解办案难题。如江苏省溧阳市院联合公安、市场监管局会签食品药品领域行政执法、刑事司法与公益诉讼衔接工作意见，形成了发现高质效线索，精准规范调查取证，畅通工作衔接联动，保证案件办理效果共识、合力。三是吸纳社会力量，合力守护公益。多地检察机关通过建立专家学者人才库等方式为案件办理提供专业意见和支持，合力破解案件办理中事实认定难、法律争议等难题。

三、切实提升食品药品安全领域检察公益诉讼办案质效的方法路径

应勇检察长在全国检察长会议上强调，要以检察公益诉讼立法为契机，进一步推动公益诉讼检察工作更好发展。作为传统法定领域，要着力做优食品药品安全检察公益诉讼，针对该领域深层次治理问题、人民群众舌尖安全新需求，切实提升办案质效，加大办案力度，守护人民群众身体健康和生命安全，为检察公益诉讼立法提供更多高质量实践样本。

（一）深入践行中国特色社会主义检察理念，增强进一步加大食品药品安全检察公益诉讼办案力度的自觉性

理念是行动的先导。食品药品安全是健康中国战略的重要组成部分，习近平总书记关于食品药品安全提出了“四个最严”要求。检察公益诉讼深入践行“党对检察工作的绝对领导”“坚持为大局服务、为人民司法、为法治担当”“坚持讲政治与讲法治有机统一”，应当办好党中央高度重视、人民群众高度关心的食品药品公益诉讼案件。检察公益诉讼深入践行“坚持高质效办好每一个案件”“坚持‘四大检察’内在统一于法律监督宪法定位”“坚持敢于监督、善于监督、勇于自我监督”，应当在实现办案质量、效率与公平正义的有机统一方面下功夫，统筹“有数量的质量”和“有质量的数量”，突出精准规范，突出抓好食品药品这一传统法定领域办案，多办案、办高质效案。

（二）做好办案示范带动，聚焦热点难点问题，组织专案专项带动一体办理食品药品安全检察公益诉讼高质效案件

应勇检察长在2024年全国检察长会议上强调，要加强民生司法保障，会同有关部门，开展“检护民生”专项行动，切实维护人民群众合法权益。聚焦社区团购、网络营销、直播带货等新业态涉食品安全问题开展专项监督。最高检已经就相关工作印发指导方案。最高检通过选择疑难复杂、跨区域的重大影响案件和具有司法价值引领的新型案、典型案，直接立案带头示范办理高质效案件。地市级以上检察机关可以结合本地区实际，选择农贸市场农产品安全、网络餐饮安全、直播营销乱象、过度医疗、非法行医、药物滥用等食品药品安全突出问题，通过一体化履职带头办理高质效案件，组织部署开展特色专项，督导指导加大食品药品安全检察公益诉讼办案力度，充分发挥检察公益诉讼社会治理效能，在法治轨道上推动相关行业或地区提升治理能力和水平，助力行业健康有序发展。办案人员要主动走到群众生活中，积极走访相关行政机关和行业组织，从群众关注点、行政监管难点和行业自律堵点中发现问题线索，找准案件调查规律，研究监督措施。

（三）强化案例引领作用，围绕办案难点堵点，规范精准办理食品药品安全检察公益诉讼高质效案件

指导性案例、典型案例可以诠释司法理念、办案规则，是可感科学的业务教科书，对指导司法办案、引领司法理念、增强社会法治意识具有重要作用。最高检严格把握食品药品安全检察公益诉讼高质效要素标准，按照案件领域、类型不同，针对当前存在的突出问题和办案困难，精准选编具有示范引领效果的指导性案例、典型案例、工作内刊，为各级检察机关高质效办案提供示范指引，帮助破解思想认识不足和应对食品药品案件调查审查难、统筹三个办案效果的能力不足

问题。各级检察机关公益诉讼办案人员通过学习和研究指导性案例、典型案例等，领会高质效办案的工作理念、工作方法、工作要求等，提升办案能力和水平，加大食品药品安全公益诉讼办案力度。

（四）加强工作规范指引，编制监督办案手册，开拓食品药品安全检察公益诉讼“蓝海”

缓解办案人员“本领恐慌”，打破食品药品安全检察公益诉讼案件办理难的“魔咒”，关键在于强化监督模型思维。最高检、省级院组织梳理食品药品安全公益诉讼案件常见监督点、法律依据，编制办案人员手边的“办案宝典”，为办案人员精准规范办案提供参考指引和适用法律遵循，帮助应对食品药品安全检察公益诉讼法律关系复杂、公益私益交织、案件类型单一等问题。通过办案工作指引，办案人员可以结合本地区工作实际，对照识别诊疗行为、医疗器械、管控药物等更多类型以及研发、批发、存储等更多环节常见问题线索，快速厘清法律关系，准确适用法律，妥善办理案件，覆盖更广更深食品药品安全问题。

（五）注重向科技要战斗力，突出应用推广，用好刑事案件数据库赋能提升食品药品安全检察公益诉讼办案水平

对于食品药品安全检察公益诉讼对检验鉴定的依赖以及线索发现难的客观困难，从检察办案自主性出发，可以从两方面着手提升办案专业水平。一方面，要增强大数据战略思维，围绕食品药品安全重点监督领域，加强执法司法信息共享，利用好刑事案件线索渠道，从犯罪行为反映的监管治理漏洞和犯罪行为反映的违法行为特征着手，科学研发大数据法律监督模型，经实践证明有效的，加快推广应用，帮助精准发现高质效案件线索，推动相关问题系统治理。另一方面，有条件的市院可以根据实践需要，自建食品药品检验检测实验室或与相关单位成立联合实验室，统筹基层食品药品安全检察公益诉讼办案标

的物定性需求，帮助解决食品药品检察公益诉讼案件检验鉴定问题。

（六）深入开展调查研究，增强问题意识解题思维，着力破解食品药品安全检察公益诉讼办案难题理论争议

针对食品药品安全检察公益诉讼实践中面临的法律供给不足、法律适用争议等问题，应当充分发挥检察人员处于办案一线的优势，聚焦实践办案中的真问题、解决问题的实际探索等开展实践调研，深化理论研究。如惩罚性赔偿制度的完善，一方面，在制度层面要明确其适用的案件范围、赔偿金额的计算标准、赔偿金的管理与使用机制；另一方面，也要在准确把握该制度惩罚、遏制和预防的功能定位基础上，将民事责任与刑事、行政责任予以区分，将私益与公益予以区分。为厘定争议、实践创新提供理论支撑，也为制度机制建设、司法解释制定、立法完善提供检察实践智慧。

（七）加大检察办案宣传，生动讲好检察故事，营造认同支持食品药品安全检察公益诉讼良好氛围

坚持高质效办好每一个案件，让司法公正、社会公平正义更加深入人心，做好检察宣传工作至关重要。要充分发挥食品药品安全的“民生”属性，在办案实践中注重影响资料收集、做好反映履职过程的办案札记，通过以案释法、公开听证、媒体报道、检察新媒体等方式做好宣传工作，增强食品药品安全公益诉讼检察新闻舆论的传播力引导力公信力，提高食品药品安全检察公益诉讼社会认同度和支持度。

强化科技赋能提升检察公益诉讼办案质效*

易小斌**

党的二十大报告指出“加强检察机关法律监督工作”“完善公益诉讼制度”，这充分体现了党中央对推动检察公益诉讼高质量发展，更加有力服务中国式现代化的期许和要求。新一届最高检党组提出，让“高质效办好每一个案件”成为新时代新征程检察履职办案的基本价值追求。突出“精准性”“规范性”，找准损害公益的突出问题，多办有影响、效果好的案件，是检察公益诉讼的基本要求。检察公益诉讼涉及领域范围广，具有案情复杂、专业性强等特点，检察人员一般很难完全具备相应的专业知识，决定了办案不能沿袭传统的办案思维和办案模式，需要强化检察人员科技赋能意识，构建检察公益诉讼和检察技术融合发展格局。

一、顺应“三个转变”，推动现代科技与检察公益诉讼办案的深度融合

科技化、数字化正在成为各行各业创新发展的新动力，也是检察公益诉讼高质量发展的关键变量。随着检察公益诉讼实践深入，现代科技运用越来越广泛，以卫星遥感、无人机航拍、快速检测为代表的“空天地”一体化检察公益诉讼技术支持体系正在形成。这要求检察干警树立“科技强检”理念，顺应“三个转变”，将科技赋能融入办案

---

* 本文原载于《检察日报》2023年12月21日，第7版。

** 易小斌，最高人民检察院第八检察厅主办检察官。

全过程。

一是检察技术人员的定位，从办案辅助到办案主体转变。检察公益诉讼办案从线索发现评估、立案调查、诉前程序、提起诉讼直至庭审诉讼和判决，离不开检察技术的全流程支持。比如，大数据分析、快速检测、鉴定评估等在检察公益诉讼中具有初始性、基础性地位，对成案、胜诉具有关键作用。公益诉讼检察部门与检察技术部门联合协作办案模式已成常态，检察技术人员已经成为办案主体不可或缺的一部分。最高检办理南四湖专案过程中，检察技术信息研究中心不仅选派技术骨干全程参加案件办理，还商请有关科研机构提供技术支持。实践中，针对一些疑难复杂、专业性强的公益诉讼案件，可以将检察技术人员编入办案组，实现人员力量融合，提高办案专业化水平。二是检察技术工作模式，由被动接受委托向主动融入转变。随着检察公益诉讼法定领域持续拓展，检察技术参与办案的需求日益增长，呈现多样化特征。实践中，检察技术部门聚焦生态环境和资源保护、食品药品安全等领域的专业问题，积极开展技术研发工作，为检察公益诉讼办案提供了有力支持。检察机关成功办理的“消”字号产品非法添加化学药物公益诉讼系列案，就是在检察技术部门检测技术创新引领下实现的。检察公益诉讼办案要改变传统分工思维定势，防止技术与业务“两张皮”现象，主动邀请检察技术力量全程参与办案。三是检察技术支持路径，由单一性向多元化转变。在传统办案模式中，检察技术侧重于对既有专业性证据进行核实或者对相对弱势的证据进行专业性补强，科技发挥作用的方式较为单一，都是以委托鉴定评估和技术性证据审查为主。但检察公益诉讼办案对技术的需求是全流程、全方位的，支持路径也趋于多元化，因此要在发挥检察机关内部技术力量、装备作用的同时，加强与科研院所、专业鉴定评估机构、行政机关技术部门、第三方专业技术服务机构的合作，画好公益保护同心圆。

二、聚焦“三个难题”，深化拓展现代科技赋能检察公益诉讼办案的场景

检察公益诉讼是各项检察工作中更具有主动性的职能，也是为人民群众新时代更高水平、更丰富内涵的需求提供服务的检察业务。检察公益诉讼办案没有现成的证据材料可用，要聚焦线索评估难、调查取证难、公益损害评估难等问题，深入拓展现代科技赋能办案的应用场景，更加有效发挥支撑、引领作用。

一是强化大数据思维，破解线索核查难问题。公益诉讼案件线索的来源有在检察履职中发现、人民群众控告举报、其他机关转交、新闻媒体和社会舆论反映等多种渠道。随着检察公益诉讼社会知晓度、认可度越来越高，线索发现难问题已基本破解。在基层办案力量不足、专业人才紧缺的情况下，如何高效核查数量庞大、多源异构的公益损害信息，形成高质量案件线索，是当前面临的重点问题。这也是“高质效办好每一个案件”的前提和基础。各地检察机关积极深化人工智能、大数据分析模型等研发运用，通过碰撞、筛选、计算，将海量碎片化信息变成有用有序的数据，以此破解线索核查难、转化难问题，要着力打通行业数据壁垒，丰富大数据监督模型种类，提高模型精度、扩大模型运用范围。如浙江省嵊州市检察院研发非法采矿法律监督模型，通过获取重载车辆轨迹等数据，“以点锁车、以车寻点”，从矿石加工厂追溯至非法采矿区域，并由此确定作案车辆、运输次数，进而根据涉案车辆深挖其他非法矿石加工厂。截至目前，该院共办理非法采矿公益诉讼案 6 件，移送非法采矿线索 37 条。二是丰富技术调查手段，破解调查取证难问题。检察公益诉讼涉及的专业领域广，违法行为和公益损害事实的查明、因果关系的判断等，均离不开专业人员、专业技术、专业设备的有力支撑。比如，在生态环境和资源保护领域，多数案件现场地处偏远地带、河流林场，甚至是隐蔽场所，加上环境

污染问题成因复杂、潜伏周期长，有的损害还随着时间推移不断扩散，兼具跨区域特点，需要借助科技手段收集固定证据。在食品药品安全领域，一些食品存在新型违法添加问题，检测技术的跟进突破决定了案件能不能办、能不能办成、能不能达到最佳效果。在安全生产领域，违法行为导致安全风险、隐患的危险程度，需要专业人员提供意见。同时，目前法律对检察机关调查核实权仅作原则性规定，对于不履行配合义务的组织和个人，缺乏刚性约束，以检察科技装备创新增强调查取证能力，是破解调查取证难的有效方式。最高检研发推广的“益心为公”志愿者检察云平台，其中一项功能就是发挥志愿者人数多、分布广、具备专业知识的优势，协助核实公益损害问题，为办案提供参考。三是完善检验鉴定配套机制，破解公益损害评估难问题。公益损害本身具有复杂性，损害程度和损害范围往往很难准确界定和量化，办案中表现最为突出的就是生态环境损害鉴定难、鉴定贵、鉴定周期长问题。为解决这些问题，检察机关要推动完善鉴定评估技术标准、规范鉴定评估标准、降低鉴定评估成本，将生态环境损害鉴定纳入检察机关鉴定登记管理业务，深化落实“先鉴定后收费”制度；加快推进公益诉讼检测实验室建设和快速检测设备配备工作，力求因地制宜、体现特色、功能互补、区域共享；同步完善相应的采样检测规则、程序标准，促进提高检测结果的科学性和公信力。针对鉴定评估方式难以适用或者鉴定费用明显高于公益损害修复费用情形，检察机关要用足用好专家、专业机构和行政机关意见，结合案件其他证据依法认定相关事实，为鉴定评估提供替代方案。比如，在认购碳汇替代生态环境修复的案件中，对于固碳释氧生态服务功能的评估，多以林业部门出具的认购碳汇减排意见报告或专业机构评估报告为依据。

三、坚持“三个导向”，健全完善检察公益诉讼技术支持体系

《“十四五”时期检察工作发展规划》提出，完善检察公益诉讼等业务工作技术支持体系。因此，检察机关要坚持办案需求主导、科技创新牵引、协同共赢发展思路，围绕技术装备、信息化平台、鉴定评估机制、协作机制、技术人才队伍等内容，构建实用、管用、好用的检察公益诉讼技术支持体系。一是坚持业务导向。检察技术的根本作用是赋能法律监督，促进公益诉讼检察办案更加精准、规范、高质效。公益诉讼检察部门要结合办案，总结提炼相关规则，提出明确、合理的办案需求，为检察技术研发和装备配备提供参考。比如，各地生态环境基础要素、办案数量、办案类型存在差异，检测鉴定需求也各不相同。检测实验室建设要因地制宜打造“专而精”的检测项目，避免供需不对称造成资源浪费。二是坚持问题导向。检察公益诉讼领域广、环节多，不同案件类型和办案场景面临的专业技术问题大不相同，检察技术办案应当有所侧重，提高针对性。特别要提高检察技术和业务的融合度，针对办案中的疑难复杂问题，做到同步跟进、共同研究、协同推进。比如，随着生态文明建设实现由重点整治到系统治理的重大转变，要研究如何采取技术手段加强类案问题分析，为检察公益诉讼围绕重点区域、行业、领域生态环境问题开展专项监督提供技术支撑。三是坚持效果导向。要按照实用、管用、好用标准，评估新技术、新应用、新场景的价值。比如，检察公益诉讼指挥中心和大数据平台建设过程中，硬件设施的配套、外部数据的接入、下辖检察院的联通只是基础，关键要看其在线索筛选、案件指挥、力量调配等方面能否发挥实际作用。同时，加强检察人员专业技术培训，提高运用科技办案的意识和能力，防止建用脱节等现象出现。

公益诉讼惩罚性赔偿与刑事罚金并处适用研究*

孙照淳　张　治**

2023年8月，最高人民检察院印发的《2023—2027年检察改革工作规划》提到"完善检察公益诉讼制度"，具体包括"积极稳妥拓展公益诉讼案件范围，健全不同领域公益诉讼办案指引，促进建立公益损害赔偿金管理和使用机制"等方面。在检察机关办理的民事公益诉讼案件中，有一定数量涉及刑民交叉，这类案件自然会涉及加害人需要同时承担刑事责任和民事责任的双重情形。无论是有罪判决生效后，检察机关另行提起民事公益诉讼，还是刑事案件办理过程中，检察机关提起附带民事公益诉讼，被告人都有可能承担刑事罚金和公益诉讼惩罚性赔偿的双重经济制裁，在此种情况下，法院应如何宣告并执行需要妥当处理。对于此问题，学界的讨论往往在理论层面较多，缺少涉及一定覆盖面的实证研究，且执行优先性、惩罚性赔偿专用基金等方面还需要更加充分的讨论。为此，有必要对刑事罚金与惩罚性赔偿并处适用问题进行细致探讨，以期在规范层面趋于完善。

一、刑事罚金与惩罚性赔偿并处的正当性证成

（一）并处适用与"一事不再罚"不相冲突

在刑事附带民事公益诉讼，或涉及损害公共利益犯罪"先刑后民"

---

* 本文系2023年度最高人民检察院检察应用理论研究课题"论民事公益诉讼惩罚性赔偿与刑事罚金规范竞合的适用路径"的阶段性成果。

** 孙照淳，辽宁省抚顺市东洲区人民检察院第一检察部二级检察官；张治，辽宁省抚顺市人民检察院第五检察部主任、四级高级检察官。

的案件中，可能出现侵害公共利益的不法行为人需要同时承担刑事罚金和惩罚性赔偿的情况，这就需要对其是否违背“一事不再罚”原则予以分析。如有学者提出“并立适用”会产生对不法行为人同一行为的“双重处罚”的观点，即是对此种情形提出质疑。[①] 大陆法系国家对“一事不再罚”原则解释为“对同一犯罪行为不得重复追究公法责任”；英美法系国家将“一事不再罚”原则体现为禁止双重危险原则，具体是指“禁止对同一罪行的多重惩罚”，“多重惩罚”单指的是“第二次的刑事处罚”。[②] 笔者认为，借鉴两大法系关于“一事不再罚”的规定，我国法律中对于“一事不再罚”的解读并非是广义上的惩罚性制裁，而是公法责任性质的惩罚性制裁。一方面，公益诉讼惩罚性赔偿具有私法责任的性质界定，其特有的“最优威慑”方法并不属于惩罚性概念，这决定其在内涵实质上不同于“一事不再罚”原则中的“罚”。另一方面，根据《民法典》第187条之规定，当刑事责任、行政责任、民事责任三种责任发生竞合时，民事主体在承担刑事或者行政责任后，仍需承担民事责任。民事责任作为私法责任，并不能被刑事或者行政责任等公法责任吸收或代替。所以说，公益诉讼惩罚性赔偿与刑事罚金的分别宣告与“一事不再罚”原则并不违背。

（二）刑事罚金与惩罚性赔偿的差异性分析

论证刑事罚金和公益诉讼惩罚性赔偿的彼此独立性，两者的差异之处值得关注。其一，两者的责任来源不同。刑事罚金旨在维护社会公共秩序，是以道义性为基础的公法责任。公益诉讼惩罚性赔偿本质是维护社会公共秩序、填补受害人损失和修复受损公益的损害赔偿，

---

① 吕英杰:《惩罚性赔偿与刑事责任的竞合、冲突与解决》，载《中外法学》2022年第5期。

② 王承堂:《论惩罚性赔偿与罚金的司法适用关系》，载《法学》2021年第9期。

是功利性兼具道义性的私法责任。两者属不同性质的法律责任，针对同一侵害公益的违法犯罪行为具有相互独立，并行不悖的法理基础。其二，两者的威慑效果不同。刑事罚金目的在于完全禁止罪犯实施犯罪行为，威慑效果为最高级别的“全面威慑”。公益诉讼惩罚性赔偿目的在于确保实施某种行为的行为人采取适当防控措施，达到实现行为效果的最优程度，威慑效果为级别较低的“最优威慑”。① 其三，两者发挥的功能不同。刑事罚金作为刑事处罚的一种，其功能为对不法行为的惩罚功能和预防功能，主要维护的是国家利益；公益诉讼惩罚性赔偿不仅包括对不法行为人的惩罚和预防功能，还包括对受害人的安抚和激励功能以及对受损公益的公益补偿和公益维权功能，主要维护的是社会公共利益。其四，两者的款项归属不同。罪犯缴纳的罚金会以上缴国库的形式归属于国家，公益诉讼惩罚性赔偿在制度和理论上应当归属于受害人和社会公益基金。显而易见，刑事罚金与公益诉讼惩罚性赔偿的差别之处是不容忽视的，这些差别更需得到格外关注。因此，公益诉讼惩罚性赔偿与刑事罚金应当相互独立且互不折抵。

二、公益诉讼惩罚性赔偿与刑事罚金宣告模式述评

根据中国裁判文书网的数据统计，2018—2023年，我国在全文中提及“惩罚性赔偿”和“罚金”的民事公益诉讼判决书共计853份。由此可见，刑事案件和公益诉讼存在交集的情况并不少见。在检察机关对同一被告人既提起公诉又提起民事公益诉讼时，人民法院的判项可能包括刑事罚金和公益诉讼惩罚性赔偿的内容。目前来看，不同法院对于两种财产类判项的宣告方式有所差异。

---

① 王承堂：《论惩罚性赔偿与罚金的司法适用关系》，载《法学》2021年第9期。

（一）刑事罚金排他模式

此种模式的表现方式为：法院在判决中仅判处罚金刑，对检察机关的惩罚性赔偿诉讼请求不予支持。如某判决书中，法院以被告人邓某某违法行为性质、危害程度与责任轻重、性质、种类间不相持平，违背公平原则为理由之一，并未支持检察机关要求其承担销售价款 10 倍的惩罚性赔偿（即 3950320 元）的诉讼请求。最终法院仅判处被告人邓某某 200000 元刑事罚金。① 刑事罚金排他模式价值选择的单一性和对公益诉讼惩罚性赔偿的僵化适用，无法发挥惩罚性赔偿的损害填补作用，阻塞了受害人及受损社会公益获取权利救济的渠道。

（二）分别宣告且抵扣模式

此种模式下，人民法院会在判决中分别宣告刑事罚金和惩罚性赔偿，同时将罚金数额在惩罚性赔偿的额度内抵扣。如某判决书中，法院认为被告人徐某、杨某、肖某某依法应当承担民事赔偿责任，支持了检察机关提出的支付销售额 10 倍的公益诉讼惩罚性赔偿的诉讼请求，但同时认为本案中民事惩罚性赔偿应上缴国库，与追缴违法所得、刑事罚金同属惩罚性债权，应当参照行政罚款与刑事罚金竞合时，轻罚在重罚中折抵的原则处理，即向各被告人追缴的违法所得、刑事罚金均应当在惩罚性赔偿中予以抵扣。② 虽然公益诉讼惩罚性赔偿上缴国库导致性质异化，其功利性转为道义性，同属于公法责任的刑事罚金呈现同质化。此时两者间抵扣并无问题。③ 但是，对于惩罚性赔偿存入社会公益基金或者其他由被害人申领等功利性情况时，其鲜明的私法责任属性，会导致与刑事罚金抵扣缺乏适用前提。此模式

① 参见邓某某、李某某生产、销售有毒有害食品罪案。

② 参见徐某、杨某、肖某某生产、销售有毒有害食品罪案。

③ 詹金峰、陈飞、汤维婷：《民事公益诉讼惩罚性赔偿金适用问题探析》，载《中国检察官》2019 年第 19 期。

对公益诉讼惩罚性赔偿责任的性质有意予以模糊化处理，过度强调其惩罚和预防功能。在“公益诉讼惩罚性赔偿数额高于刑事罚金数额”时，公益诉讼惩罚性赔偿的安抚、激励、公益保护、公益维权功能被弱化。在“公益诉讼惩罚性赔偿数额低于刑事罚金数额”时，公益诉讼惩罚性赔偿在判决时已被刑事罚金所折抵，阻塞了受害人和受损社会公益的权利救济渠道。综上，分别宣告且抵扣模式存在诸多的适用局限。

（三）分别宣告且独立适用模式

人民法院会宣告行为人同时承担刑事罚金和惩罚性赔偿，且两者具有鲜明的独立性，在数额方面分别执行互不影响，此为分别宣告且独立适用模式。在某判决书中，法院判处被告人李某某、周某在追缴3万元刑事罚金的同时，连带承担支付价款10倍的公益诉讼惩罚性赔偿即337260元。[①] 此种判决结果是刑事罚金与惩罚性赔偿分别宣告下的常规情形。首先，《民法典》第187条沿袭了《侵权责任法》第4条内容，即法律对刑事责任与民事责任的聚合予以明确规定，故在刑事附带民事公益诉讼中刑事罚金与惩罚性赔偿从法理抑或制度上来看，均应当并行不悖。其次，《民法典》第179条第2款以指引方式对《食品安全法》第149条和《消费者权益保护法》第49条中的惩罚性赔偿予以确认，则自然包括法定适用倍数的指引。此判决结果具有一定的合理合法性，但过高的财产性制裁数额有可能大于被告人的经济承受能力，可能导致判决难以执行。

（四）分别宣告且酌情调节模式

当法院判决行为人承担刑事罚金时，会根据个案情形对惩罚性赔

① 参见李某某、周某、甘某某等生产、销售有毒有害食品罪案。

偿的数额酌情调节，即为分别宣告且酌情调节模式的表现形式。在某判决书中，法院认为在综合考虑被告人犯罪事实、性质、情节及对社会的危害程度，将检察机关提出的销售价款 10 倍公益诉讼惩罚性赔偿数额（即 1517180 元）酌定为销售价款 2 倍的赔偿数额（即 303436 元）更为适宜，最终判决被告人杨某某、孔某某夫妇在承担刑事罚金的同时，支付销售价款 2 倍的公益诉讼惩罚性赔偿。[①] 本案中，法院对被告人在科以刑事罚金的同时判处法定倍数的惩罚性赔偿，在考虑过高的惩罚性赔偿对被告人的不利影响后酌情减让，兼顾了社会公共利益、受害人权益保障，同时关注被告人的处遇。将法律规定的普遍性与个案情节的特殊性有机结合，避免“刑民交叉”案件僵化适用惩罚性赔偿条款可能给加害人带来的过重负担，以灵活的法律适用凸显司法智慧，实现合法与合理的兼顾。

三、分别宣告且酌情调节模式之构想

（一）诉审阶段的公益诉讼惩罚性赔偿裁量应当符合比例原则

作为约束公权力的重要原则，比例原则被称为“帝王条款”。比例原则要求公权力机关对于私人权利进行限制和剥夺时，应遵循适当性、必要性和相称性的要求。因此，办案机关在进行个案裁量时，就需要考虑行为人是否具有惩罚必要性和再犯可能性。很多犯罪行为本就相对轻微，在刑罚方面，被告人可能被判处缓刑甚至单处罚金，人民法院若判处其承担法定倍数的公益诉讼惩罚性赔偿，可能导致惩罚性赔偿的数额明显高于罚金，就会出现民事责任比刑事责任更重的“责任倒挂”。正如有学者所言：“惩罚性赔偿是惩罚性责任，应以责任

① 杨某某、孔某某等生产、销售有毒有害食品罪案。

主义为根据，法官在确定惩罚性赔偿的数额时应体现责任的程度。”[①]结合惩罚性赔偿的具体功能，这项诉讼请求只能针对受损公共利益亟待恢复且尚未恢复，需要对行为人加以威慑避免再犯的案件。无论检察机关提出诉讼请求抑或人民法院裁量判决内容时，都需要考虑是否有适用惩罚性赔偿之必要，在得到肯定结论后，还需要根据个案情形综合考虑惩罚性赔偿之数额，既要保证惩罚性赔偿功能的实现效果，也要避免给加害人施加过重的负担。具体而言，在刑事追诉的过程中，加害人从追求更为宽缓刑罚的动机角度考虑，很可能为获得从宽处罚，在追诉过程中实施恢复原状、消除危险等行为。如果加害人具有停止侵害、更新设备、减少污染、预交款项等有助于恢复受损公共利益的积极表现，进而在提起民事公益诉讼或者判决宣告前，公共利益已经有明显修复，行为人的再犯风险明显降低，检察机关和人民法院就要考虑适用惩罚性赔偿的必要性，或是在数额上有所降低。如此，被告人可能仅仅被判处罚金或者并处较低数额的公益诉讼惩罚性赔偿。

（二）执行阶段的公益诉讼惩罚性赔偿具有优位性

如果被执行人的财产不能足额支付刑事罚金和公益诉讼惩罚性赔偿，笔者认为，公益诉讼惩罚性赔偿应处于优位，即加害人应先缴纳惩罚性赔偿金，待足额后再缴纳刑事罚金。公益诉讼惩罚性赔偿的补偿功能能够实现对受损公益的修复，在实践中，修复公共利益往往具有紧急性和迫切性。一般来说，加害人对公共利益已经造成了较大损害，在其缴纳惩罚性赔偿款后，这笔款项往往会被用于修复被损害的公共利益，无论是自然环境还是生物资源，都需要尽快恢复，以此将犯罪行为对其造成的损害降至最低，这就要求优先执行惩罚性赔偿满

---

① 吕英杰：《惩罚性赔偿与刑事责任的竞合、冲突与解决》，载《中外法学》2022年第5期。

足公共利益修复的需要。此外，能够满足被害人获得赔偿款、弥补受损利益之需。《刑法》第36条第2款规定：“承担民事赔偿责任的犯罪分子，同时被判处罚金，其财产不足以全部支付的，或者被判处没收财产的，应当先承担对被害人的民事赔偿责任。”公益诉讼本质上属于私法责任，这与一般的民事赔偿具有一致性。优先支付惩罚性赔偿符合刑法“先承担对被害人的民事赔偿责任”的立法本意。何况办案机关准确掌握和评估公益受损情况，往往需要受害人提供证据或线索支持，优先支付惩罚性赔偿，尽快满足利益受害人获得救济的请求，是对公民积极参与司法活动、有效助力公益保护的激励。在执行阶段出现此种情况后，办案机关应当及时履行告知义务，提示行为人缴纳款项的顺序。需要强调的是，根据笔者工作实践，很多加害人会在民事公益诉讼提起前与检察机关达成合意，愿意预交惩罚性赔偿金并将款项汇入指定账户。在这种情况下，办案机关直接执行惩罚性赔偿即可，不存在刑事罚金与惩罚性赔偿优位执行的困扰。

四、完善公益诉讼惩罚性赔偿的配套机制

（一）探索加害人的财产状况评估方式

在某些案件中，加害人被科处罚金的同时，如果再承担法定倍数的惩罚性赔偿金，数额总和可能会远超其经济能力承受限度，进而导致生活陷入困境。所以，需要司法机关行使自由裁量权酌情减少惩罚性赔偿数额。如何准确判定加害人的财产状况，进而评估其支付能力，就显得尤为重要。笔者认为，应当探索并建立加害人财产状况评估制度。司法机关在对加害人适用酌情调节模式前，应当对加害人财产状况予以客观评估，对不同情形予以准确甄别，避免对加害人的惩罚过度，也防止对赔偿款的不当酌减。检察机关在审前阶段，可以借鉴审判机关在执行环节中对被执行人的资产评估机制，以加害人自行申报

和司法机关调查核实相结合的方式予以评估。一方面，检察机关提起刑事附带民事公益诉讼，或者在刑事有罪判决生效后，决定提起民事公益诉讼之前，应当要求加害人自行申报财产收入情况，并通过实际走访加害人住所，了解其居住条件；询问其所在社区、村委会、工作单位，了解其生活条件和收入状况；查询金融机构、不动产管理部门等部门，了解其家庭资产情况等方式予以调查核实。另一方面，检察机关可以召开检察听证会，邀请听证员对加害人科以刑事罚金和承担法定倍数公益诉讼惩罚性赔偿是否超过其经济承受能力，以及是否应当对赔偿款数额予以酌减提出意见，以此作为检察机关提出诉讼请求和审判机关形成裁判结果的重要参考。

（二）建立全国统一的公益诉讼损害赔偿专项基金体系

当前学术界和实务界对将公益诉讼惩罚性赔偿纳入公益基金的探讨和呼吁方兴未艾，并最终通过《探索建立食品安全民事公益诉讼惩罚性赔偿制度座谈会会议纪要》成为了司法实践的共识。[①] 此为各地司法机关实现公益诉讼惩罚性赔偿利益归属规范化提供了重要制度依据。笔者认为，将公益诉讼惩罚性赔偿纳入公益基金进行统一管理几无争议，但是，鉴于我国各地区司法实践的不同样态，可能导致制度效果存在差异。具体而言，如果仅有部分地区探索并建立公益诉讼损害赔偿专项基金，其他因主客观因素尚未建立专项基金的地区，仍然会采取公益诉讼惩罚性赔偿上缴国库作为审判机关执行赔偿款的做法，无法避免公益诉讼惩罚性赔偿性质异化，进而可能导致其与刑事罚金

---

① 《探索建立食品安全民事公益诉讼惩罚性赔偿制度座谈会会议纪要》（高检发办字〔2021〕25号）中明确要求，“食品安全民事公益诉讼惩罚性赔偿的管理使用应坚持用之于公益的原则。食品安全民事公益诉讼惩罚性赔偿案件判决生效后，人民法院审判部门要及时移送执行部门执行。各地可以探索把惩罚性赔偿金纳入专门公益基金账户统一管理，依法统筹用于消费者合法权益保护”。

互相抵扣的判决宣告方式，不可避免地存在刑事罚金与公益诉讼惩罚性赔偿在规范竞合时“同案不同判”的问题。鉴于此，应当建立全国统一的公益诉讼损害赔偿专项基金体系，保证全国范围内的公益诉讼惩罚性赔偿案件均能在执行过程中将赔偿款交于全国统一的公益基金体系统一管理，在制度上消除惩罚性赔偿款因缺少依据或政策支持而被迫上缴国库之可能。具体而言，可以探索由财政部设立全国统一的公益诉讼损害赔偿专项基金账户体系，授权省级以下各级财政部门作为本级辖区内公益基金账户的管理单位，并由财政部会同“两高”及国家审计署共同研究制定公益诉讼损害赔偿专项基金的管理办法。在判决生效后，各级法院确保及时将赔偿款存入本地财政部门所管理的公益基金账户，各级财政部门要保证公益诉讼惩罚性赔偿专项基金款项用之于公益，实现专款专用，各级审计部门定期对本级财政部门所管理的公益基金账户开展审计监督，保证公益基金账户的收支规范。

（三）健全受害人惩罚性赔偿金申领渠道

受害人对公益诉讼惩罚性赔偿金的有效申领，是公益诉讼惩罚性赔偿对受损公共利益实现有效救济的有效方式，也是公益诉讼惩罚性赔偿被界定为私法责任的重要理由。[①] 在很多案件中，公共利益的保护能够为个人权益的救济创造前提条件，唯有对不特定多数受害人受到的侵害加以补偿，才能够实现公共利益保护的最佳效果。因此，在加害人缴纳惩罚性赔偿金的情况下，受害人能够申报并领取相应的赔偿，有效填补受侵害的权益需要程序支持。首先，要保障受害人对权益遭受侵害案件办理进度的知情权。法院要对加害人实施的侵权行为，及承担公益诉讼惩罚性赔偿的判决结果予以公告，并督促受害人凭借

---

① 根据笔者的办案经验，由于全国很多地区尚未建立公益诉讼损害赔偿专项基金，被告人缴纳的惩罚性赔偿金上缴国库的情况较为普遍。绝大多数受害人对自身遭受侵害并不知情，能够主动申领公益诉讼惩罚性赔偿金的更为少见。

相关证据及时申领赔偿款，保证受害人能够知情已方对赔偿款享有申领权。法院对受害人申领时提供的证据材料审查后，认为达到民事诉讼证明标准的，则出具相应文书指令公益基金予以发放。其次，为防止申报人成为“权利上的沉睡者”，法院要对受害人申领惩罚性赔偿款的时间有所限制。笔者认为，法院可以在公告时参照诉讼时效设定3年的申领时效，受害人超过申领时效的，则不予支持其申领请求，从而避免出现受害人怠于行使其申领权的情况。最后，办案机关要积极保障受害人求偿权的实现。法院应对受害人申领赔偿款的数额予以告知，在惩罚性赔偿酌定适用情况下，受害人实际能够领取的赔偿款数额应当按照酌定比例予以支付。若受害人对酌减后的数额表示不接受，审判机关可以根据相关司法解释规定，告知其有权另行提起民事诉讼，从而保障其依法享有对法定倍数私益诉讼惩罚性赔偿的求偿权。[①]

---

① 最高人民法院《关于适用〈中华人民共和国民事诉讼法〉的解释》第286条规定：“人民法院受理公益诉讼案件，不影响同一侵权行为的受害人根据民事诉讼法第一百二十二条规定提起诉讼。”

行政公益诉讼如何以“诉”的确认体现司法价值引领*

唐　昕**

今年7月，最高人民检察院检察长应勇在大检察官研讨班上强调，“公益诉讼检察重在突出‘精确性’‘规范性’”“敢于以‘诉’的确认体现司法价值引领”，这对行政公益诉讼检察工作提出了更新更高的要求，不仅要做到应诉尽诉，还要做到应判尽判。结合江苏省检察机关办理的行政公益诉讼起诉案件，笔者有以下几点思考。

一、行政公益诉讼起诉案件“一低一高”，检察监督的刚性体现不足

自2017年7月1日检察公益诉讼制度全面实施至2023年12月，江苏省检察机关共办理行政公益诉讼案件26010件，提起行政公益诉讼95件，起诉率为0.36%，占比极低。2023年以来，江苏省检察机关共提起行政公益诉讼40件，其中法院审结25件，作出判决3件，检察机关撤回起诉22件，撤诉率高达88%。在22件撤回起诉案件中，因行政机关已经整改到位、诉讼请求已经全部实现而撤回起诉21件，其他情形1件。如此高的撤诉率容易让人产生检察机关提起行政公益诉讼案件质量不高的误解，难以体现检察监督的刚性。

造成行政公益诉讼起诉案件撤诉率高的主要原因有以下几点：一是行政机关采取有效措施积极整改。行政机关在被提起行政公益诉讼

---

* 本文原载于《检察日报》2023年12月28日，第7版。

** 唐昕，江苏省淮安市人民检察院检察委员会委员、三级高级检察官。

后，大多都能够认识到其不依法履职行为使国家利益或社会公共利益遭受了侵害，进而积极整改并全部实现诉讼请求，检察机关因此而撤回起诉。如淮安市淮安区检察院对该区石塘镇政府对国家级文保单位吴承恩墓怠于履行保护职责行为提起行政公益诉讼后，石塘镇政府立即制定整改方案，历时34天完成了对吴承恩墓紧急除险及周围保养维修工作。检察机关邀请人大代表、政协委员、“益心为公”志愿者等召开听证会，听证员经评议，一致认为受损公益已经得到有效修复。此外，石塘镇政府制定了长效管护机制且在申请检察机关撤诉时提交了《行政违法行为确认书》，对其怠于履职造成公益受损的行为予以确认。据此，检察机关撤回起诉。二是少数办案人员未能树立正确的政绩观，为追求有利于考核的“数据”而只注重案件诉不诉、不追求判不判，亦即在提起行政公益诉讼后，只要行政机关履职整改就撤诉，甚至有的为了完成考核任务，在提起诉讼前就与行政机关达成诉后即撤的约定，形成“手拉手”式诉讼方式。三是案卡填录选项不全。目前，检察机关办案系统关于行政公益诉讼判决情况的案卡中，仅有诉讼请求得到判决全部支持、部分支持和全部驳回三个选项，如果法院对行政机关已经整改的行政公益诉讼起诉案件裁定诉讼终结，在相关案卡中只能填录到“其他选项”。而一旦填录到“其他选项”，案件在案管部门《行政公益诉讼情况基础表》中被统计在“撤回起诉”项目下，不能统计到“诉讼请求得到法院支持”的数据中，显现不出监督的实际效果。这也导致少数行政公益诉讼办案人员不积极推动法院以裁定诉讼终结的方式结案，而是一撤了之。

二、实现以“诉”的确认体现司法价值引领的途径

提起行政公益诉讼，是通过司法审判纠正行政机关违法行使职权或不作为，保护国家利益或社会公共利益的重要方式。检察机关可以

通过以下几方面工作，更好地实现行政公益诉讼以“诉”的确认体现司法裁判价值引领作用。

一是努力提升案件办理的精准化规范化。检察机关提起行政公益诉讼时，要充分研判诉前检察建议的具体内容，把握好诉讼请求与诉前检察建议内容的衔接，以便提出明确、具体、可执行的诉讼请求；要遵循合法性、合理性、必要性三个原则，把准起诉的方向；要从行政机关是否未依法履职、公共利益是否持续受到侵害两个层面研判起诉的实质性要件，做到实体上准确、程序上无瑕疵，提升诉讼的精准性、规范性，确保诉得准、判得下，以实现诉讼预期目标，推动类案治理、诉源治理，促进依法行政。

二是严格把握撤诉的标准。对于行政机关在被提起行政公益诉讼后积极整改并全部实现诉讼请求的案件，检察机关在撤回起诉前，必须组织听证和进行必要的验收，通过听证评议、专家论证、第三方参与评估验收等方式，对整改效果进行客观、全面、准确的评估。检察机关还可以要求行政机关出具《行政违法确认书》，对其违法行使职权或者不作为，致使国家利益或者社会公共利益受到侵害的违法行为予以确认。或者，检察机关可以形成会议纪要，载明公益受损的事实、行政机关违法行使职权或者不作为的具体情形、整改效果等内容。

三是推动法院判决确认原行政行为违法。《人民检察院公益诉讼办案规则》第 84 条第 1 款规定：“在行政公益诉讼案件审理过程中，行政机关已经依法履行职责而全部实现诉讼请求的，人民检察院可以撤回起诉。确有必要的，人民检察院可以变更诉讼请求，请求判决确认行政行为违法。”最高人民法院、最高人民检察院《关于检察公益诉讼案件适用法律若干问题的解释》第 24 条亦规定，“……人民检察院变更诉讼请求，请求确认原行政行为违法的，人民法院应当判决确认违法”。检察机关提起行政公益诉讼后，即使被诉行政机关全面整改履职，受损公益得到切实维护，撤回起诉也不是检察机关的唯一选项。

检察机关可视情变更诉讼请求，请求确认原行政行为违法，法院依法应当判决确认行政机关的行政行为违法，从另一个方面彰显行政公益诉讼的“诉”的价值。

四是推动法院裁定终结诉讼。检察机关提起行政公益诉讼后，行政机关纠正违法行为或者依法履行职责而使诉讼请求全部实现的案件，经法院审理，行政公益诉讼的目的已基本实现。对此，检察机关可以向法院申请终结诉讼，法院依照最高人民法院《关于适用〈中华人民共和国行政诉讼法〉的解释》相关规定，裁定终结诉讼。

五是建议修改完善案卡填录选项。建议最高检对“070101《行政公益诉讼情况基础表》”的统计选项进行修订，在“一审裁判结果”项下增设“其他”项，将法院裁定终结诉讼的案件归入此项，统计时视为诉讼请求被法院支持。

大数据法律监督模型赋能检察公益诉讼高质量发展

——以耕地占用税未依法征收类案公益诉讼大数据法律监督模型为视角

赵 欣 李 妍*

在党的十九大报告中明确指出农业农村农民的问题才是关系到国计民生的最根本性的问题，我们必须始终要把解决好“三农”的问题作为全党工作中的最重要的工作。要实施乡村振兴战略就必须要确保粮食安全，要把我们自己的饭碗牢牢掌握在自己的手中。粮食生产的命根子是耕地，我们要像保护大熊猫那样保护好它。更好地进行耕地保护，确保粮食食用安全，也是新时代的中国稳步向前发展的重要议题。“如果人的最基本需求得不到保障，那么社会秩序可能发生动荡、社会伦理受到空前挑战。”

对耕地占用税的征收是贯彻国家对耕地保护制度最严格的落实，也是实现土地资源合理配置的重要体现。检察机关通过比对税务部门耕地占用税征收明细和自然资源等行政机关涉及耕地占用的行政审批、行政处罚明细，并对数据比对结果进行分析，发现未依法征收耕地占用税类案线索，开展公益诉讼法律监督，督促行政机关加强耕地占用税征收与管理，填补行政执法漏洞，促进不同行政机关建立健全并执行相关工作的衔接机制，凝聚监管合力。

* 赵欣，辽宁省本溪市人民检察院副检察长、三级高级检察官；李妍，辽宁省本溪市人民检察院第五检察部主任、四级高级检察官。

一、耕地占用税税收法定原则意在优化土地资源利用、保护农用耕地

农用土地中特别是耕地，外部特性尤其显著，占用耕地会导致“取得耕地的边际私人成本与边际社会成本、占用耕地的边际私人收益与边际社会收益的偏离”。换而言之，使用土地的主体因为占用土地的行为，从中获得的收入和利益并不需要或者只是需要付出很少的代价，但是他们的行为产生的生态环境的破坏、对国家粮食安全造成的威胁、致使农民因为缺少社会保障等引发的不安定因素却是要由整个社会来承担。基于此，我国自1987年开始征收耕地占用税。国家之所以征收耕地占用税，是希望通过税收制度的设计把外部成本内化为税负，从而实现因耕地占用过程中的土地收益分配的调节，不断增大获得耕地的成本，减少因占用耕地而取得的收益，从而实现调控目标。

《耕地占用税暂行条例》于1987年发布，自此我国正式开始对占用耕地建设房屋或者进行非农业建设的单位和个人征收耕地占用税。征收耕地占用税最主要的目的是促进更加合理地利用土地资源，更加有力地对土地进行管理，从而保护好耕地红线。2007年12月1日国务院511号令，第一次对《耕地占用税暂行条例》进行了修订，该条例于2008年1月1日执行。修订后的《耕地占用税暂行条例》根据经济发展和人均耕地变化情况在原有基础上提高了对耕地占用税征收所适用的税额。2018年12月29日，十三届全国人大常委会第七次会议表决通过了《耕地占用税法》，《耕地占用税法》于2019年9月1日起开始施行，依据税收制度的平移原则，《耕地占用税暂行条例》上升为法律，这既是落实“税收法定原则”的根本要求，更是落实最严格的耕地保护制度的有力举措，能够更好地促进土地资源的合理利用和农业经济的可持续发展，保护耕地就是在保障国家粮食安全，就是在更好地推进生态文明建设。

二、发挥检察公益诉讼制度独特治理效能追本溯源助力社会治理

以习近平同志为核心的党中央把建立检察公益诉讼制度作为重要的决策部署，也是一项重大的改革举措。在党的十八届四中全会上，党中央提出了“探索建立检察机关提起公益诉讼制度”，习近平总书记对此作了专门说明。党的十九届四中全会决定“拓展公益诉讼案件范围”“完善生态环境公益诉讼制度”，党的二十大部署“完善公益诉讼制度”。检察公益诉讼在党的绝对领导下守正创新、蓬勃发展，公益诉讼检察官立足法律监督职能，承担起公共利益的代表。2017 年 7 月 1 日，人大常委会对民事诉讼法和行政诉讼法进行修改，确立了检察公益诉讼制度，之后多部单行法通过修改或者立法的方式，赋予检察公益诉讼更多领域职能，至今公益诉讼的法定领域已增至 14 个。

国有财产保护作为自公益诉讼检察工作全面开展以来即有的法定领域，检察机关始终坚持宪法赋予的法律监督的定位，牢牢把握公益这个核心理念，自觉把公益诉讼作为服务党和国家大局，服务经济社会全面发展中谋划、推进，有力保护国家利益。自 2017 年以来，本溪检察机关先后开展追缴人防易地建设费、水资源费、退休服刑人员养老保险待遇等多个国有财产保护领域的小专项活动，督促收回国有财产权益 500 余万元。如市院组织全地区县区院开展的针对人力资源与社会保障部门违规发放退休服刑人员养老保险待遇专项监督活动，2020 年市院通过调研发现被判处拘役、有期徒刑的退休人员未停发基本养老保险；管制、缓刑、暂予监外执行和假释的退休人员仍然参与退休养老金调整，致使国家利益受到侵害。市院将调研报告向县区院通报，建立违规发放退休服刑人员养老保险待遇数据模型思维导图，并指导县区院调取退休服刑人员数据、养老保险待遇发放数据，通过数据对比、筛选、碰撞发现相关的行政公益诉讼的案件线索。立案后，

及时制发诉前检察建议，得到行政机关认可，检察建议全部得到整改，追回养老保险金10余万元。通过办理案件我们发现，人力资源和社会保障部门负有养老保险待遇的监管职责，掌握退休服刑人员信息和状态的单位为法院、公安和社区矫正机构，相关部门之间信息不对等、工作衔接不畅通，各自数据独立，最终出现退休服刑人员养老保险待遇违规发放的问题。为此，检察机关通过联席会议等方式将调研成果与检察建议向相关部门通报，推动相关部门建立信息共享机制、工作联系机制，完善检察机关、审判机关、公安与人力资源和社会保障部门之间的信息渠道，使相关部门及时准确全面掌握退休人员养老待遇的发放情况，从源头堵塞问题漏洞。

三、发挥数字融合乘数效应助力公益诉讼国有财产保护

党的十八大以来，党中央作出一系列重大部署，始终坚持实施网络强国战略、大数据战略。党的二十大报告就加快建设数字中国也作出明确规定。2023年3月，全国检察机关召开了学习贯彻两会精神的电视电话会议，会上，最高检强调深化实施数字检察战略，构建“业务主导、数据整合、技术支撑、重在应用”的数据检察工作机制，以数字革命赋能法律监督。在工作实践过程中，全国各地检察机关注重通过数据碰撞发现监督案件线索，进一步提升法律监督质效。

通过办理案件，我们发现作为约束、调节纳税人占用耕地行为，限制纳税人占用耕地从事非农业建设，促进土地资源合理利用，保护耕地的耕地占用税这一法定税种存在未依法征收，侵害国家利益的问题。

2022年，本溪市检察院公益诉讼部门指导本溪满族自治县检察院办理了一件督促税务部门追缴耕地占用税的行政公益诉讼案件。2020年6月，某公司在未办理农用地转建设用地审批手续的情况下，擅自

在本溪满族自治县内占地2000余平方米（其中耕地600余平方米、林地100余平方米、其他土地1000余平方米）从事非农建设。本溪满族自治县自然资源部门对该公司的非法占地行为作出责令立即停止违法行为，拆除违法占地新建建筑恢复土地原状，并处罚款的行政处罚，并将行政处罚决定移送人民法院执行。自然资源部门未向县税务机关提供非法占用耕地等信息，该公司一直未向税务机关申报耕地占用税，导致国有税款流失，国家利益受到侵害。2022年10月，本溪满族自治县人民检察院向县税务局提出了检察建议，建议该单位依法全面履行职责，依法征收税费。县税务局高度重视，立即安排相关人员展开调查核实工作，向某公司下发了《税务事项通知书》，责令该公司限期缴纳税款。2022年11月，该公司向税务机关缴纳了耕地占用税税款人民币5.5万余元。检察机关在持续跟进监督过程中，除监督某公司缴纳税款情形外，还支持税务机关以此次检察监督为契机，开展耕地占用税专项清缴活动。检察机关与税务部门就耕地占用税专项清缴工作进行座谈并交换了意见。随后，县税务局开展了“耕地占用税专项清缴”工作，通过综合治税体系收集耕地占用税应税信息，向人民法院、自然资源、林业草原等部门调取占地批复、非法占地处罚、判决等信息进行数据筛查，经过两个月的专项清缴，共追缴征收耕地占用税159万余元。

（一）耕地占用税征收中存在的问题

《耕地占用税法》规定了单位或者个人因占用耕地、园地、林地、草地、农田水利用地、养殖水面、渔业水域滩涂以及其他农用地建设建筑物、构筑物或者从事非农业建设的，应当依法缴纳耕地占用税。根据《耕地占用税法》《耕地占用税法实施办法》的相关规定，无论是合法程序审批占用的永久性用地还是临时性用地、因非法原因占用的耕地均需要缴纳耕地占用税。同时规定了因占用耕地从事农田水利设施建设、因军事设施、学校等具有国家福利性质的免予征收。法律还规定了减征和一些特殊情形包括因铁路、公路线路、飞机场跑道、港口、航道及水利工程等原因占用耕地的，按每平方米2元的税额征收；农村居民在规定的使用土地的标准以内占用耕地，新建自用住宅的，按照当地税额的减半征收耕地占用税；针对农村居民经过批准搬迁的，新建的自用住宅占用耕地不超过原有宅基地面积的部分，不予征收耕地占用税；针对特殊群体如农村的烈士遗属、因公牺牲的军人遗属、残疾军人以及享受农村最低生活保障的居民，在规定使用土地的标准以内，新建自用住宅的，也不征收耕地占用税；因为国家民生经济和社会发展，国务院在报全国人大常委会备案前提下，还可以规定具体的免征或者减征耕地占用税的其他情形。因此根据相关法律规定，无论是经审批程序合法占用、临时占用还是违法占用耕地、园地等农用地建设建筑物、构筑物或者从事非农业建设的，法律规定的特殊情形以外，都要缴纳耕地占用税。

实践中我们发现经审批程序合法占用、临时以及违法占用耕地、园地等其他农用地建设建筑物、构筑物或者从事非农业建设的，均不同程度地存在未依法缴纳耕地占用税的问题。特别是临时占地和非法占用耕地的问题更加突出。

（二）耕地占用税未依法征收的原因

一是相关行政机关之间沟通机制不畅通。按照《耕地占用税法》的规定，税务部门应当与相关部门如自然资源等管理农用土地的部门建立耕地占用税涉税信息的共享和工作配合机制。自然资源、农业农村、水利等农用地管理部门要定期向税务机关提供关于农用地转用和临时占地等信息，并且协助税务机关做好耕地占用税的征收和管理工作。《耕地占用税法实施办法》中关于相关机关之间建立信息沟通机制的规定更加具体、细化。《耕地占用税法实施办法》规定，自然资源、农业农村、水利、生态环境等农用土地的管理部门要及时向税务机关提供农用地转用和临时占用农用地的信息，这些信息中包括农用地转用的信息，城市和村庄集镇按照规定批次建设用地转而未供信息，经过批准临时占用土地的信息，改变原占地用途的信息，未批先占农用地查处的信息，土地损毁、土壤污染、土地复垦、草场使用以及渔业养殖权证发放的信息等。省级人民政府还应当建立健全本地区跨部门的耕地占用税部门之间协作和信息交换的工作机制。同时，《耕地占用税法实施办法》中还规定了，纳税人占用土地类型、面积和占用时间等纳税申报需要的数据材料，这些数据资料以自然资源等部门提供的材料为准；没有提供相关材料或者提供的材料信息不完整的，税务机关可向自然资源等部门提出申请，由其在规定的时间内出具认定意见。

实践中税务机关负责征收耕地占用税；自然资源、林业、农业农村、水利等部门负责对耕地、林地、养殖水面、渔业水域滩涂的占用进行监督和管理。税务机关并没有与相关部门建立征收耕地占用税涉及的信息共享机制和工作配合机制，即使有的建立了相关机制，往往机制运行也不顺畅。自然资源、农业农村、水利等农用地部门因为税款征收与其主要职能不相关也没有定期向税务机关提供相关的占地信息，实践中税务部门遇到涉及占地类型、面积和时间等纳税申报数据时，又只能以自然资源等部门提供的材料为准，这又涉及自然资源部门与林业、农业农村、水利等部门的衔接问题，经常出现的是几家行政机关之间没有及时互通信息，容易导致耕地占用税应征而未征。

二是耕地审批程序不规范、土地类型认定不一致。根据相关法律规定，占用耕地、园地等农用地应当缴纳耕地占用税，但是上述农用地在转为建设土地使用过程中，除耕地直接由自然资源部门审批外，其他土地需要由林业、水利、农业农村等部门的前置审批，而后提交自然资源部门审批。实践中存在有的用地申请人仅完成前置审批后即开始使用土地，自然资源部门不知道相关土地使用信息及情况，负责前置的审批部门也没有向税务部门提供审批信息；因使用的坐标、卫星定位系统不一致问题，实务中还存在在自然资源部门登记的土地类型与林业、水利、农业农村等部门登记不一致的问题，如在自然资源部门登记为未利用地，而在林业部门登记为林业，当土地被占用时，林业部门履行了林地占用审批程序，自然资源部门对同一块土地按未利用地履行审批程序，该土地是否应当缴纳耕地占用税，各行政机关存在分歧意见，致使应缴的耕地占用税未能缴纳。

三是纳税义务人对耕地占用税征收认识不足。按照《耕地占用税法》的规定，耕地占用税的征收工作由税务机关负责。实践中税务机关更多的是等待纳税义务人申报，对纳税人的纳税申报数据资料异常进行监督。对纳税人未申报的，特别是非法占用耕地的行为不掌握，亦不主动履行征收职责。税务部门作为耕地占用税的征收管理部门，应当向相关行政机关和广大群众宣传税收政策，主动牵头建立耕地占用税税收的信息共享和工作配合机制。但在实际工作中，由于宣传力度不够，牵头建立工作配合机制的力度不强，导致相关行政机关、纳税义务主体对耕地占用税征收工作认识不到位，特别是对非法占用耕地的行政处罚与税款征收之间的关系不清楚。纳税义务主体甚至有时认为非法使用耕地或擅自改变土地性质，被行政机关进行行政处罚后便万事大吉，既不恢复耕地种植条件，也不缴纳耕地占用税。少数行政机关工作人员也存在一罚了之的观念。这些错误的认识和观点最终导致税款流失。

（三）检察机关发挥公益诉讼检察职能，依托大数据法律监督模型有力保护国有财产

2023年，本溪市检察院公益诉讼部门在本溪满族自治县人民检察院办理案件的基础上，对耕地占用税征收中存在的深层次问题和机制

性漏洞进行思考，发现问题，总结提炼规则，依据法律法规构建思维导图，借助现有公益诉讼检察人员计算机软件开发与应用专业背景知识，依托“Power BI”软件进行数据收集、整理、筛选与分析，建立“耕地占用税未依法征收类案大数据法律监督模型”，并取得实际应用成效。

2023年初，本溪市人民检察院公益诉讼部门对耕地占用税征收中存在的问题进行梳理，构建了“耕地占用税未依法征收类案大数据法律监督模型”的思维导图，同时在全地区组织开展专项活动培训工作，系统介绍建模过程，如何运用模型开展监督工作，并对运用软件进行数据导入、后台运算、对比结果、线索评估等实际操作进行详细演示。培训结束后，各基层院均开展工作。调取土地监管部门自2019年9月1日以来涉及农用地占用的行政审批、行政处罚数据；调取税收监管部门2019年9月1日以来耕地占用税征收数据；应用“Power BI”软件，导入从上述监管部门调取的相关数据，按照公益诉讼案件办理相关数据的关注度，进行数据清洗、数据分析，通过对税务、自然资源等部门缴税、审批、处罚名单等数据比对结果的分析，发现耕地占用税漏缴、欠缴线索。例如，对从土地监管部门调取的非法占用农用地行政处罚的违法主体以及从税务部门调取的已经缴纳耕地占用税的企业或者个人的名单进行比对，对符合公益诉讼监督规则的业务结果通过表格等适当方式呈现。发现因非法占用农用地已经被行政处罚但尚未缴纳耕地占用税的疑似线索，对疑似线索进行深入调查分析，取证固证，查明事实。现阶段，本溪市人民检察院公益诉讼部门对该模型进行全市范围公益诉讼条线初步推广，基层院在该类案监督模型指导下累计共发现疑似线索20件，对其中符合立案条件的案件已按程序办理。

四、检察机关针对耕地占用税征收存在的问题开出良方

针对耕地占用税征收过程中存在的问题，检察机关作为公共利益的代表，始终坚持“双赢多赢共赢”的司法理念，坚持“诉前实现保护公益目的是最佳司法状态”监督思维模式，综合运用“检察建议+调研+磋商+听证+联席会议”等多种方式，统筹协调、督促多个职能部门实现从个案办理到类案监督，最终达到源头治理的办案效果，我们坚持用最小的司法成本，获取最佳的社会效果，凸显中国特色社会主义司法制度的优越性。

一是向税务部门制发公益诉讼检察建议。建议税务部门依法全面履行职责，征收耕地占用税，同时要加强同相关行政机关的协作配合。主动牵头与行政机关建立健全耕地占用税信息共享等相关协作机制，保证耕地占用税依法征收。

二是检察机关牵头组织税务、自然资源、林业、水利、农业农村等相关部门召开联席会议，解决各部门信息不畅问题。自然资源、林业等行政机关要主动告知用地申请人严格按照程序履行土地审批流程，对占用园地、林地、养殖水面、渔业水域滩涂等性质用地的审批信息和行政处罚信息等也应主动及时向税务部门报告，防止耕地占用税漏征。

三是与自然资源、林业、水利、农业农村等相关行政机关开展磋商明确法律适用问题。针对自然资源、林业、水利、农业农村等相关行政机关对同一块土地存在土地类型认定不一致问题，检察机关提出重合竞合的法律适用观点。法理上的重合竞合概念是指，一事概念的外延是另一事概念外延的一部分，而违法行为恰好是符合从属部分的情形，也就是说，“一法条的全部内容为他一法条的内容的一部分”。重合竞合，多数情况下是由于不同法律条文在调整对象上具有包含的关系所导致的。外延小的一事被包容在外延大的一事当中，法律作出

这样的规定，目的在于使外延小的一事的客体可以受到特殊的保护。处理此类冲突，我们认为一般适用《立法法》中关于特别法优于普通法，特别条款优于普通条款的原则来解决问题，不能适用从一重原则处理。如在办理案件过程中出现的同一地块在自然资源部门认定是非利用地，在林业部门则认定为林地的问题，我们按照重合竞合观点与自然资源、林业部门开展磋商，并提出林地属于农用地，是非法改变林地用途，占用林地修建永久性建筑，既违反《森林法》规定，也违反了《土地管理法》对农用地保护的相关规定，此时，应当按照特殊法优于普通法的规定即适用《森林法》的相关规定。《国务院法制办公室对〈关于如何理解《中华人民共和国森林法实施条例》有关规定的请示〉的答复》中也肯定这一观点，明确“按照土地利用总体规划确定为林地的，其管理应当适用森林法及其实施条例的有关规定，在林地转为非林地前由林业主管部门实施管理”。目前按照相关文件，林业部门被整合进入自然资源部门，但是全国并不统一，以本溪地区为例，市级林业部门并未被整合进入自然资源部门，县区的情况各有不同，有的区原林业部门被整合进入区自然资源分局，有的被整合进入区农业农村局，区里成立林业执法中心，市级林业部门对区林业执法中心进行业务指导。虽然市、县、区林业部门情况各不相同，但是就耕地占用税征收问题而言，当涉林土地类型出现林业与自然资源部门认定不同时，按照《耕地占用税法》《耕地占用税法实施办法》的相关规定应当由自然资源部门作出认定，林业部门作为林业资源的主管部门应当配合自然资源部门开展工作，而自然资源部门在认定过程中也应当依据《森林法》的相关规定进行认定。检察机关的这一观点也得到了自然资源与林业部门的认可，通过磋商程序解决行政机关在土地类型认定不一致及土地损毁信息等问题。

四是运用综合治理检察建议，在特定主体中营造耕地占用税征收的良好氛围。办案中，我们还充分运用综合治理检察建议，向相关企业制发检察建议书，对相关企业开展耕地占用税相关法律法规的宣传，促使用地申请人主动向税务部门申报缴纳税款。

耕地占用税的征收需要土地、税收等多个监管机关密切配合，才能保证征收及时、征缴到位。检察机关通过主动监督行政机关的行政处罚行为，利用对不同行政机关相关信息进行大数据对比的方式，有效打破行政机关数据壁垒，发现治理盲点线索，督促行政机关加强耕地占用税征收与管理，更促进不同行政机关建立健全并执行相关工作的衔接机制，填补行政执法漏洞，打通土地合法使用与税收征缴的“最后一公里”；协助税收机关运用立体化思维，多维度、无死角开展“耕地占用税”专项征缴工作，确保税款应收尽收，在更好地维护国家和社会公共利益的同时，以“数字”为法律监督提质增效，公益诉讼检察在数字的赛道上实现新的飞跃。

涉水领域公益诉讼大数据法律监督模型的构建与应用*

桑 涛 章剑生 屠亦真**

水资源、水生态、水环境与公共利益密切相关，但长期以来涉水领域的检察公益诉讼办案受制于线索发现、协同履职、长效治理等痛难点，成案率不高。检察机关应以贯彻落实检察大数据战略为契机，通过数据归集、模型研判生成水资源节约、水污染防治、水生态治理等涉水领域检察公益诉讼办案线索，进而重塑监督模式、提升监督质效、完善监督闭环。

一、涉水领域公益诉讼大数据法律建模的提出背景

（一）生态之需：检察公益诉讼“护水”的时代需求

水泽万物，良好的水环境和水资源保护状况是经济社会发展的必要支撑和基础保障。党的二十大指出，坚持山水林田湖草沙一体化保护和系统治理，全方位、全地域、全过程加强生态环境保护。① 党的十八大以来，习近平总书记高度重视国家水安全，先后主持召开会议研究部署推动长江经济带、黄河流域、南水北调后续工程等高质量发展，确立起国家“江河战略”，为河湖保护治理提供了根本遵循和行

* 本文入选2023年度最高人民检察院检察应用理论研究课题。

** 桑涛，浙江省杭州市富阳区人民检察院党组书记、检察长、三级高级检察官；章剑生，浙江大学光华法学院教授、博士生导师；屠亦真，浙江省杭州市富阳区人民检察院第五检察部四级检察官助理。

① 习近平:《高举中国特色社会主义伟大旗帜 为全面建设社会主义现代化国家而团结奋斗》，载《人民日报》2022年10月17日。

动指南。[①]

检察机关作为公共利益的代表，自2017年检察公益诉讼制度全面实施起便围绕水灾害防治、水资源节约、水生态保护修复、水环境治理等涉水领域深入履职，办理了万峰湖专案、南四湖专案、长江船舶跨区域污染案等一系列成效显著的涉水领域公益诉讼案件，推动解决了一批水环境治理的“老大难”问题。2022年6月，最高检、水利部联合发布《关于建立健全水行政执法与检察公益诉讼协作机制的意见》，提出“建立健全水行政执法与检察公益诉讼协作机制，推动水利部门与检察机关良性互动，形成行政和检察保护合力，共同打击水事违法行为”，[②] 充分彰显检察机关在水环境保护领域接续攻坚、久久为功的坚定决心，也对各级公益诉讼检察部门办理涉水领域公益诉讼案件提出了更高要求。

（二）办案之困：涉水领域公益诉讼办案的实践困境

1. 线索发现难。因涉水领域违法犯罪具有案发场景复杂、作案方式隐蔽、追溯鉴定困难等特点，传统公益诉讼办案主要通过日常巡查、群众举报核查等方式寻找案源，成案有较强的偶然性和被动性。针对大部分未被发现、举报的涉水违法犯罪行为，检察机关难以及时发现问题、固定证据，更难以将其转化为类案监督线索，整体办案质效不高。

2. 协同履职难。涉水管理涉及众多法规范和行政机关，相关法规范之间客观上存在系统性不够、责任分配不周延等问题，加之近年来

---

① 《国家的“江河战略”确立起来了》，载人民网，http://politics.people.com.cn/n1/2021/1202/c1001-32297079.html，2022年7月1日最后访问。

② 《最高检、水利部印发〈关于建立健全水行政执法与检察公益诉讼协作机制的意见〉》，载最高人民检察院官网，https://www.spp.gov.cn/spp/xwfbh/wsfbh/202206/t20220609_559433.shtml，2022年6月22日最后访问。

水行政执法部门在组织、体制、执法等领域深化改革，上下职能未完全理顺。在缺少牵头部门和协作机制的情况下，各行政机关处置涉水领域违法行为时容易引发多头管理、扯皮推诿等问题。

3. 长效治理难。涉水领域违法犯罪类型多样、主体众多，除个别设置了在线监测装置的重点排污企业可反查监测数据外，行政机关对大多数涉水领域违法行为的查处都依托现场检查，缺少可以“回头看”的动态监管抓手，这种“抓现行”的执法模式客观上加剧了违法主体的侥幸心理和重复违法的可能性，不利于实现长效治理。

（三）突破之机：检察大数据战略带来的机遇进路

2021 年 6 月，党中央印发《中共中央关于加强新时代检察机关法律监督工作的意见》，明确“运用大数据、区块链等技术推进公安机关、检察机关、审判机关、司法行政机关等跨部门大数据协同办案”。近年来，在检察大数据战略的驱动下，各级检察院积极融入“业务主导、数据整合、技术支撑、重在应用”的数字检察工作模式，[①] 涌现出诸多监督成效显著、可复制、可推广的模型，为重塑优化检察办案模式提供了宝贵思路。

截至 2023 年底，已有多地检察机关将大数据战略运用于涉水领域检察公益诉讼办案中，初步形成了“水资源节约为主、其他涉水领域保护为辅”的涉水领域公益诉讼大数据模型体系，在提升线索收集效率、实现智能分析研判、巩固长效跟踪效果等领域展现出惊人效能。

但就全国范围而言，涉水领域公益诉讼大数据模型的集成、推广、应用仍在起步阶段，部分地区还面临着建模思路不清、数据来源不清、应用领域不清等问题，关于涉水领域公益诉讼大数据模型构建与应用

---

① 应勇：《以高质量检察履职践行全过程人民民主 保障人民当家作主》，载最高人民检察院官网，https://www.spp.gov.cn/tt/202306/t20230614_617412.shtml，2023 年 10 月 31 日最后访问。

的理论总结还有待进一步完善。

二、涉水领域公益诉讼大数据法律建模的实践路径

本文以浙江省杭州市富阳区人民检察院（以下简称富阳区院）建设检察公益诉讼“数智护水”监督场景的全过程为研究对象，综合吸收其他地区检察机关构建的涉水检察监督模型，总结出涉水领域公益诉讼大数据法律建模的三条路径：

（一）拧紧“节水阀”：非法取水整治助力水资源节约

1. 建模背景。根据《水法》第48条第1款、《取水许可和水资源费征收管理条例》第2条规定，除家庭少量用水、应急用水等特定情形外，直接从江河、湖泊或者地下取用水资源的单位和个人应当申领取水许可证并缴纳水资源费。但在生产实践中，单位和个人私设管道偷采江河、湖泊水或打井偷采地下水的情形非常普遍，严重破坏水资源管理秩序，部分偷采地下水的行为还可能导致地面沉降，危及公共安全。富阳区院在履职中发现辖区部分建筑工地在未办理取水许可的情况下，长期抽取河水用于工地施工且未缴纳水资源费，破坏水资源管理秩序，随即制发检察建议，督促问题整改。

2. 模型构建。在个案办理的基础上，富阳区院建立了建筑工地非法取水监督模型，通过比对在建工地项目信息和取水许可证信息，找出未办理取水许可证的在建工地。再调取上述工地的自来水费缴纳明细，找出既未办理取水许可证又未缴纳合理数额自来水费的工地，作为重点对象进行核查。除建筑工地外，该模型也可用于对洗车、洗涤、农业灌溉等高耗水行业无证取水问题的监督。在定性监督的基础上，也有检察机关考虑到以定量监督来挖掘取水户“超量取水”线索。以四川省检察机关“违法抽取地下水公益诉讼类案监督模型”为例，该模型聚焦生猪屠宰行业定额用水量可计算的特点，从生猪屠宰数量计

算出企业理论用水量，再与企业实际支付的用水量进行比对，形成超量取水线索。除生猪屠宰行业外，该模型还可应用于商砼、洗涤、桶装水等具备行业用水定额企业超量取水问题的监督。

3. 监督成效。针对建筑工地、洗车行无证取水问题，富阳区院通过建模累计生成无证取水线索 249 条，并采取听证会、磋商会、检察建议等方式督促职能部门查处整改，在线移送问题线索 230 余条，助推行政机关精准查办非法取水案件 15 起、罚款 33 万余元，督促补办取水许可 7 家，封闭涉案水井 5 口，推动了辖区水资源管理秩序的有效规范。而在贵州省、新疆维吾尔自治区等水资源较为紧缺的地区，非法取水监督模型的应用则取得了更具突破性的惊人成效：贵州省西秀区依托“城市水资源保护法律监督模型”生成非法取水线索 6700 余条，督促整治洗车行 166 家、取缔非法取水点 23 处，追缴污水处理费、水资源费 174 万余元。① 新疆阿克苏地区“地下水资源保护（农业灌溉领域）类案监督模型”生成非法取水线索 1000 余条，督促追缴地下水资源费 1.3 亿余元。②

（二）守好“污水闸”：非法排水整治助力水污染防治

1. 建模背景。根据《城镇排水与污水处理条例》第 21 条、《城镇污水排入排水管网许可管理办法》第 4 条规定，从事工业、建筑、餐饮、医疗等活动的企业事业单位、个体工商户向城镇排水设施排放污水的，应当向城镇排水主管部门申请领取城镇污水排入排水管网许可证（以下简称排水许可证）。实践中，部分企业和个体工商户在未办

---

① 杨晏：《安顺西秀检察数字赋能守护“生命之源”》，载法治网，http://www.legaldaily.com.cn/judicial/content/2023-09/25/content_8906577.html，2023 年 11 月 3 日最后访问。

② 何海燕、苏丽丽：《大数据赋能地下水资源保护，挽回国有财产 6.3 亿元》，载《检察日报·数字检察版》2023 年 8 月 23 日。

理相关许可的情况下将污水直接排入露天河道或雨水管网，造成水体污染，部分直排有毒有害废水的行为涉嫌刑事犯罪，严重损害国家和社会公共利益。2022年初，富阳区院接到群众举报，反映亚运水上运动场馆附近的某建筑工地在未办理排水许可证的情况下，将泥浆废水排入亚运水上赛道所在河道，严重污染周边水环境。办案过程中，富阳区院发现建筑工地非法排水问题涉及多个主管部门，但由于行政机关间数据沟通、协作配合的不充分，该问题长期处于监管薄弱环节，遂在制发检察建议的基础上同步开展非法排水问题监督建模。

2. 模型构建。从个案监督出发，富阳区院搭建了建筑工地非法排水监督模型。首先，比对在建工地项目信息与市政管网分布信息，筛选出市政管网覆盖范围内的在建工地，再将其与排水许可证名录进行比对，筛选出市政管网覆盖范围内未办理排水许可证的在建工地名录，作为非法排水的重点对象进行深入排查。除建筑工地外，该模型亦可用于对餐饮、医疗、洗车等排水户无证排水问题的监督。沿着非法取水监督从“定性监督”到“定量监督”的深化逻辑，富阳区院也积极开展了对超量排水进行定量监督的尝试，却发现不同行业排水户的排水方式、排污成分与其生产工艺密切相关，难以通过单一的计算公式来全面判定。但针对商砼等具备行业用水定额且产出污水的行业，仍可以通过最终产品产量倒推计算理论需水量，再与污水处理厂收纳的污水量进行比对，若理论需水量明显大于污水收纳量，则存在非法排水嫌疑。此外，江苏检察机关以船舶洗舱水和油污水污染为监督重点建立了监督模型，通过提取装卸前后货物清单研判是否需要强制洗舱，再对照“船E行”软件内“洗舱申请单”核实有无实际洗舱，从而找出应洗舱而未洗舱的排污线索，为沿海沿江地区开展船舶非法排污问题监督提供了宝贵思路。

3. 监督成效。针对建筑工地、洗车行无证排水问题，富阳区院依托模型累计生成非法排水线索545条，并督促行政机关开展建筑工地排水专项督查、河道与水设施执法等专项整治行动，推动立案查处涉水违法 14 起，排查整治排污排水、河道设施、固体漂浮物等涉水问题 40 余个，责令补办排水许可证 220 本。针对工业企业超量排水问题，富阳区院生成监督线索 72 条，推动行政机关立案查处非法排水问题 3 起。在最高检长江船舶污染治理专案的办理过程中，江苏省检察机关依托“长江船舶污染治理模型”生成、推送线索 14276 条，[①] 率先突破船舶污染线索发现难、调查取证难的监督瓶颈，推动完善船舶垃圾、污水处置闭环。

（三）绘就“水景图”：水源地保护助力水生态治理

1. 建模背景。根据《水法》第 34 条，《水污染防治法》第 64 条、第 67 条，《饮用水水源保护区污染防治管理规定》第 11 条、第 12 条，《城市供水条例》第 14 条等规定，禁止在饮用水水源保护区内从事污染水质的活动。但实际生产中在饮用水水源地（准）保护区内从事项目新建、种植、放养畜禽和网箱养殖等污染水体的行为时有发生。此外，在沿海、沿江水域中分布着大量无船名船号、无船舶证书、无船籍港的“三无”船舶，[②] 该类船舶脱离监管、缺乏规范排污意识，可能在违法从事捕捞、航运、采矿等作业的过程中对水源地周边生态造成不良影响。富阳区院在开展饮用水水源地保护专项行动中，发现辖区某二级饮用水水源保护区内部分水产养殖主体超标直排养殖尾水，准水源地保护区内有部分废弃“三无”船舶沿岸停靠、船体腐烂后造成周边水体富营养化，严重影响饮用水水源水质和周边水生态环境，遂运用卫星遥感、无人机、快速检测等手段强化取证，并向职能部门制

---

① 贺俊丽：《区块链技术助力长江大保护》，载《清风苑》2023 年 10 月刊。

② 海关总署、公安部、交通运输部、农业农村部、海警局《“三无”船舶联合认定办法》（署缉发〔2021〕88 号）。

发检察建议督促整改。

2. 模型构建。针对养殖尾水污染饮用水水源问题，富阳区院设计了饮用水水源地保护模型，将水产养殖户经营地点在地图上进行点位标注，再与各级饮用水水源地分布范围进行图层比对，将分布于一级饮用水水源保护区范围内的水产养殖点作为违法点位开展现场核实；将分布于二级饮用水保护区、准保护区内的水产养殖点位作为风险点位，结合周边水质监测数据开展走访调查，重点关注养殖户是否采取污染防治措施。除水产养殖外，这一“图层比对”的建模思路也可应用于工程建设、作物种植、畜禽养殖等饮用水水源污染风险点位的排查。针对“三无”船舶弃置引发饮用水水源污染的问题，富阳区院尝试建立了废弃船舶监督模型，以杭州检察“国土智护”数字应用运行逻辑为基础，选定饮用水水源地为主要遥感技术排查区域，利用AI技术智能识别框选出废弃船舶集中分布点位，开展现场调查。

3. 监督成效。针对饮用水水源地周边水产养殖排污不规范问题，富阳区院累计生成饮用水水源地污染线索14条，推动职能部门开展重点渔业乡镇（街道）养殖尾水规范处置专项检查与业务指导活动，检查规模渔业企业50余家、涉及渔业水域面积4000余亩，发现并督促整改饮用水水源地周边养殖尾水直排点4处。结合“益心为公”检察云平台志愿者举报信息，富阳区院查实并督促整治饮用水水源地周边福寿螺入侵问题2起，清理河道3.5公里，清理福寿螺11000余斤。针对“三无”船舶污染水质问题，富阳区院依托监督模型及线下走访，累计查实“三无”船舶非法捕捞、干扰航道、污染水质等问题线索20余条，推动行政机关开展联合执法6次，出动执法人员1009人次，立案查处涉“三无”船舶非法捕捞案件15起。而在地域更为广大、水情更为复杂的黄河流域，呼和浩特检察机关依托“黄河流域生态功能治理监督模型”生成黄河流域生态保护线索近万条，督促恢复被污染和非法占用河道 85.5 公里，督促清理水域面积 23.1 亩，[①] 为进一步拓宽涉水领域公益诉讼建模范围、更新监督理念提供了有益示范。

三、涉水领域公益诉讼大数据法律建模的经验启示

（一）破解线索发现难：流程再造，重塑监督模式

1. 从被动办案变为主动出击。大数据法律模型的应用，改变了涉水领域公益诉讼办案以往“靠天吃饭、等米下锅”的被动监督模式，转而采取检察机关自主挖掘线索、移送线索、督促履职的主动监督模式。检察机关可自行从涉水法律法规中寻找违法监督点，灵活运用各类涉水监督模型，系统摸排验证辖区是否存在水资源浪费、水环境污染、水生态破坏等涉水问题，实现检察公益诉讼监督关口的前移，尽早督促行政机关开展专项治理、补齐监管漏洞、保护公共利益。在涉水领域公益诉讼大数据模型的驱动下，多地检察机关先后开展了非法取水、水生态保护等领域的专项行动，体现出检察公益诉讼在水环境保护攻坚上主动出击、能动履职的担当作为。

2. 从人找线索变为线索找人。通过运用大数据法律模型，检察机关得以改变以往“走一步看一步”的线索收集方法，转而采用“数据先导—实地印证”的办案模式。通过开展涉水数据的批量归集、治理和碰撞，办案人员能最大程度排除无效线索、缩小排查范围，减轻现场走访压力，实现“让数据多跑路，让人少跑腿”。以富阳区院建筑工地非法排水监督模型运行情况为例，该模型共计生成辖区建筑工地非法排水线索 255 条，经检察机关调查和行政机关全面排摸，累计查实问题线索 220 条，模型准确率达到 86.27%。相较于以往涉水领域公

---

① 《黄河几字弯的数智守护》，载微信公众号“内蒙古政法”2023 年 10 月 21 日。

益诉讼“十跑九空”的低成案率，该领域检察办案的精度和效率有了明显提升，客观上节约了更多司法资源来用于重大疑难复杂和新领域案件的办理探索。

3. 从个案办理变为类案监督。开展涉水领域公益诉讼大数据建模和应用，能帮助检察机关克服传统公益诉讼监督中低效机械的“就案办案”思维，转而采取类案监督的新型办案模式。通过个案办理提炼监督逻辑、构建监督模型，再运用模型批量挖掘类案线索，实现本辖区问题线索的全面监督。在充分验证模型准确性、可行性的基础上，将该模型应用于更多地区、更大范围，从而生成更多线索、发挥更大作用，体现大数据驱动下检察办案的“规模效应”。以新疆阿克苏地区的非法取水类案监督为例，该地区库车市院在个案办理中发现种植户私自抽取地下水、欠缴地下水资源费问题，建立了地下水资源保护初级模型，在赴浙江考察、与富阳区院沟通交流后进一步完善模型，形成“地下水资源保护（农业灌溉领域）类案监督模型”，并在阿克苏地区进行推广，累计督促追缴水资源费6.3亿余元，充分展现出检察公益诉讼“办理一案、警示一片、整治一域”的制度追求。

（二）破解协同履职难：共享共治，凝聚整改合力

1. 以数源共享破除协作壁垒。大数据模型的应用赋予了涉水领域检察公益诉讼办案提质增效的全新动能，但这一高新“生产工具”的运转离不开基础数据的归集和治理。为了解决“数据获取难”这一模型应用的“卡脖子”难题，浙江检察机关积极作为、主动争取，依托省委数字化改革“一体化数字资源系统”项目（IRS平台）及浙江省“政法一体化办案系统”建设形成了覆盖司法数据、行政数据、检察数据等多个领域的数据仓，归集全省数据统一治理后回流下发，从省域层面破除了跨部门、跨地区的“信息壁垒”。对于尚未建立省域、市域数字资源仓的地区而言，也可以通过点对点沟通的方式调取数据，

具体可参考富阳区院在建模初期所采取的“灵活渐进”沟通策略：通过主动上门对接、控制数据获取范围等方式争取数源机关支持，将生成线索及时反馈行政机关助推精准查办，以真实可感的监督成效让行政机关意识到检察机关大数据法律监督的独特优势，从而逐步扩大数据开放范围。①

2. 以平台搭建凝聚整治合力。涉水行政管理是协同性极强的系统工程，涉及众多法规范和行政机关。受“大综合一体化”行政执法改革试点的影响，近年来浙江省基层涉水行政执法经历了执法事项划转、执法力量下沉等系列变化，② 省内各地区不同程度地存在主管部门和综合行政执法部门之间衔接不畅，执法人员、法制审核力量不足等问题短板，③ 极易出现监管薄弱环节。对此，富阳区院立足守护水环境的共同目标，在深刻揭示现有涉水违法犯罪问题的基础上，灵活运用圆桌会议、听证会等协作手段，推动相关行政机关厘清监管职责、填补执法漏洞，并在“监督不越位”的范围内协调解决实际困难，打造检察公益诉讼“破题”、行政执法“答题”的协同治理模式，最大程度凝聚联动治理合力，破解“九龙治水而水不治”难题。

3. 以灵活履职实现双赢共赢。依托涉水领域公益诉讼大数据法律模型的“数智”效能，检察机关实现了“线索挖掘”这一办案基础环节的变革重塑，但如何处理好“线索移交”“督促履职”等后续办案环节的衔接推进，也高度考验着检察机关的办案智慧。具体而言，对于同一批

---

① 《推进检察大数据战略不能“等靠要”》，载《检察日报》2022 年 6 月 13 日。

② 沈司政：《为全国行政执法改革提供浙江方案——〈浙江省加快推进“大综合一体化”行政执法改革试点工作方案〉解读》，载《今日浙江》2022 年第 6 期。

③ 新时代“枫桥经验”与检察工作理论研究基地课题组：《检察机关对接“大综合一体化”行政执法改革的实践探索》，载《中国检察官》2022 年第 19 期。

次生成的线索，检察机关可用一份检察建议附带线索清单的方式进行履职监督，但对于后续该模型持续生成的同类线索，则可以考虑灵活采用磋商等履职方式。此外，涉水领域公益诉讼大数据监督场景的建设提供了线索移送的“第三条路径”，即在系统内完成线索生成、筛查和移送闭环。以富阳区院“数智护水”监督场景为例，办案人员对场景生成的问题线索进行初步研判，筛选后向行政机关一键移送问题线索，行政机关可在线接收线索、反馈处置情况，实现了以更为温和、行政机关更易接受的方式推动问题解决，有效节约司法成本和办案资源，展现“公益诉讼是监督之诉也是联动之诉”的独特制度优势。[①]

（三）破解长效治理难：建章立制，完善监督闭环

1. 以跟踪问效完善监管闭环。涉水领域违法犯罪具有难监管、易反复特征，故针对大数据模型批量产出的监督线索，检察履职不能止步于发出建议、收取回函，还需要适时开展跟进监督。传统的检察公益诉讼“回头看”大多采取单次、实地走访的方式，难以全面覆盖新形势下数字建模批量产生的众多线索。对此，检察机关可在充分验证模型可行性的基础上，建设集“数据归集、模型碰撞、线索移送、智能分析”等多功能于一体的监督场景。以富阳区院检察公益诉讼“数智护水”监督场景为例，该场景通过数据接口实时接入数据，动态产出监督线索，并对前期已移送行政机关但未整改的线索进行预警，实现对行政机关履职情况的“跟踪问效”。除此之外，依托场景内置的分析模块，场景能归纳产出水环境破坏高发区域、高发时段、高发企业、高发类型等预警信息，助推行政机关及早介入，实现检察公益诉讼监督办案从“治已病”向“治未病”转化。

① 季美君：《实现数字赋能公益诉讼检察监督》，载《检察日报》2022年11月24日。

2. 以建章立制推动长效长治。办案实践中，针对检察机关移送的涉水领域违法线索，行政机关通常以专项行动方式开展全面排查，因执法力量集中、覆盖全面，短期内即能产生“立竿见影”的整治成效。但受制于基层行政执法事项众多而人员配备不足的现状，行政机关客观上难以定期针对一类问题开展大规模专项行动，相关涉水问题极有可能在监管放松时期“反弹回潮”，故需要建立机制来规范协作体系长效运行。以富阳区院为例，该院联合区治水办等 7 家单位共同出台了《检察公益诉讼“数智护水”监督场景协作机制》，对涉水领域数据共享、线索移送、专项行动等问题作出明确规定。在此基础上，该院牵头建立了生态环境保护“林长 + 河长 + 田长 + 检察长”工作机制，全面深化检察机关与行政机关间信息共享、联合履职、普法宣传等协作举措，以制度确立辖区“检察公益诉讼 + 水行政执法”协作模式，促动涉水领域检察公益诉讼履职从“类案办理”向“社会治理”的精准跨越。

3. 以一地破题推动全域治理。流域综合治理是水环境保护的重要内容，传统涉水领域检察公益诉讼履职已依托“一体化办案”探索形成上下游联动、岸上岸下有效衔接等协作模式。在涉水领域大数据监督模型应用推广和智能场景建设逐步完善的背景下，检察机关可运用数字化手段打破行政区划监管壁垒，以数据实现全流域的系统治理、精准治理。例如富阳区院“数智护水”监督场景在本地常态化运行的基础上，被集成至全域数字法治监督体系，实现了杭州全域的数据归集、线索产出。在场景驾驶舱内，以水域分布图为基础，各区县涉水领域典型案件办理、协作机制建立情况可实时共享查看，便于尚未办理该类型案件的基层院借鉴参考，系统增强了杭州全域涉水领域检察公益诉讼办案力量，构筑起钱塘江流域系统保护的检察监督屏障。

四、涉水领域公益诉讼大数据法律建模的未来展望

（一）迭代升级：完善建模及监督场景

1. 以探索创新拓宽建模领域。从当前司法实践和宣传报道来看，各地检察机关开展涉水领域公益诉讼大数据建模主要集中于非法取水领域，此类模型在推动节约水资源、规范取水秩序、挽回国有财产（水资源税费）等方面发挥了重要作用。但在违法犯罪行为更为隐蔽、对公共利益破坏更为严重的水污染防治、水生态保护领域，公益诉讼大数据法律监督模型的建设还在起步阶段，存在监督对象覆盖不全、模型碰撞结果不够精确等问题。相信随着涉水领域检察公益诉讼办案的深入推进，办案人员能够逐步厘清相关涉水行业水循环、水平衡流程，提炼出行之有效的监督逻辑，并在数据碰撞、图层比对等现有建模方式的基础上不断创新，综合使用人工智能分析等新型研判模式，打造全方位全覆盖的涉水领域公益诉讼数字化监督体系。

2. 以融会贯通推动整体智治。在"数字中国"整体战略的驱动下，许多行政机关都在开展数字化应用场景建设，尤其是在全面推进数字化改革的浙江省，已经建成了一系列诸如"城市大脑""非羁码"等特色鲜明、成效显著的数字化改革成果。而在涉水领域，水行政执法机关前期已投入了大量精力成本建立起一批数据全、更新快、有侧重的涉水领域监管场景。为了进一步深化检察监督与水行政执法的有效协作，未来检察机关可以通过协作机制、数据共享、接口互通等形式推动涉水领域检察公益诉讼监督模块与水行政执法机关监管系统的贯通融合，借势借力用实用活"数据富矿"，达到"成本最小化，效果最大化"的理想监督效果。

3. 以推广集成激发"集群效能"。从目前来看，各地检察机关在开展涉水领域大数据建模上存在"单打独斗"的问题，各级检察机关往往注重于宣传推广本地区的涉水领域大数据建模，却很少有检察机

关对全国各地现有的涉水领域检察监督模型进行梳理集成，实现各模型间的“取长补短”，打造覆盖全面、逻辑优化的涉水领域检察公益诉讼“模型矩阵”。

此外，若各地区均将本地的模型建设为监督平台（场景），容易产生重复建设、监督性价比过低等问题，考虑到部分基层检察机关独立开展数字检察建模的人员力量、技术设施配备都存在不足，希望未来可以由最高检牵头对全国的优秀模型进行集成归纳，实现全国范围内涉水领域检察公益诉讼数字模型的互通共享，激发数字检察类案监督“从一地到全域”的监督效果。

（二）触类旁通：赋能更多领域公益诉讼办案

1. 复用涉水领域监督建模路径。当前检察公益诉讼办案领域呈现出“4+N”的开放态势，面对越来越广泛的监督领域和日渐纷繁复杂的监督线索，检察机关更需要运用好数字建模这一“神兵利器”来助推精准监督、高效监督。希望以涉水领域检察公益诉讼大数据建模和应用的成功实践为起点，让更多的检察办案人员树立完善大数据法律监督思维，培养数字建模能力，通过复用涉水领域监督中数据碰撞、图层比对等建模路径，积极在食品药品安全、国有财产保护、安全生产等监督领域寻找数字建模切口，逐步深化完善“个案办理—模型提炼—类案监督—社会治理”的新型数字化法律监督流程，营造大数据法律监督模型赋能公益诉讼办案“百花齐放”的积极态势。

2. 打造公益诉讼综合指挥中心。近年来，检察公益诉讼办案规模和质效持续提升，成为检察工作的全新增长点。对基层检察机关而言，打造数字化驱动的公益诉讼综合指挥中心，既是全面贯彻数字检察赋能公益诉讼战略的重要路径，也是有效解决基层检察公益诉讼办案人员力量不足的破题之举。应用建设上，公益诉讼综合指挥中心可参考“数智护水”监督场景“数据归集—线索研判—移送履职—跟进监督”

的体系逻辑，架设数据中心、分析中心、协同中心、评估中心及驾驶舱等基本模块，实现归集数据的统一治理存储、监督模型的统一管理更新以及办案监督成效的全面智能分析，以数字手段不断规范公益诉讼办案流程，全面赋能检察公益诉讼监督治理现代化。

3. 深化跨部门大数据协同办案。开展检察公益诉讼办案的大数据建模监督，必须要解决好数据供给这一“原料”问题。当前主要有基层检察院点对点联系调取、上级检察院统一归集下发两种数据获取模式，前者机动灵活但调取难度大、可持续性差，后者调取简单但存在数据滞后、残缺等情况。希望在未来，能由最高检层面出台与司法机关、行政机关的数据共享互通机制，自上而下部署数据共享工作，统筹建立起真实准确、安全合规的跨部门协同数据仓，从而达到“数据多跑路，流转更安全，执法更规范”的理想协同办案状态。

（三）推动立法：深层次优化社会治理

1. 完善综合行政执法改革衔接。近年来，在整体政府理念和数字化改革的牵引下，综合行政执法改革成为行政执法的趋势和亮点，浙江省更是率先成为唯一的“大综合一体化”行政执法改革国家试点。在改革试点的推进过程中，浙江省逐渐走出了一条“一张清单、一支队伍、一个平台、一套机制”系统推进的改革之路，也对检察机关开展公益诉讼监督产生了直接且深远的影响。当前，最高检先后联合水利部、国家林草局出台《关于建立健全水行政执法与检察公益诉讼协作机制的意见》《关于建立健全林草行政执法与检察公益诉讼协作机制的意见》，从全国层面确立了特定领域行政执法与检察公益诉讼协同配合的基调。考虑到基层行政执法“整合执法队伍”“下沉执法力量”的综合改革趋势，希望能够早日出台深化综合行政执法与检察公益诉讼协同配合的意见，在线索移送、场景融合等内容上作出部署安排，进而更好地推动法律监督与综合行政执法改革衔接，实现跨部门、跨领域、跨区域的整体智治。

2. 推动涉水法律规范补漏更新。在开展涉水领域公益诉讼大数据法律监督的过程中，检察机关通过高效、批量分析类案线索，能够有效挖掘问题背后行政机关违法履职或不作为的原因，其中就包括法律法规陈旧、权责规定交叉或空白等情况。例如在开展“三无”船舶专项监督的过程中，检察机关通过数据分析以及同行政机关进行沟通交流，发现涉“三无”船舶没收的法规依据分散且效力不明，给基层行政机关依法有效开展整治造成很大困难，遂以情况反映的形式争取党委政府支持，后续再以政府发文形式组建违法行为认定及专项整治工作领导小组，落实江河治理中排查登记、分类处置、查扣处置等工作的整治闭环。希望未来，检察机关可以通过联系代表委员、政协提案与检察建议“双转化”等路径，助推地方立法或更高层面的法律法规规章修改完善，从而有效填补法律漏洞、理顺基层执法权责关系，为从根本上优化社会治理贡献检察智慧。

3. 展现检察公益诉讼数智元素。近年来，随着检察公益诉讼制度的价值进一步显现，制定检察公益诉讼法的共识显著增强。2023 年 9 月，十四届全国人大常委会发布立法规划，将“检察公益诉讼法（公益诉讼法，一并考虑）”列入第一类项目，进一步加快了检察公益诉讼法专门立法进程。当前，检察公益诉讼的程序运行主要遵循《人民检察院公益诉讼办案规则》及“两高”发布的其他司法解释，上述法规范在检察公益诉讼发展初期提供了全流程、体系化的规范依据，但客观上缺少与数字检察战略的衔接。希望未来检察公益诉讼法能够关注到大数据建模带来的革命性影响，在检察公益诉讼调查权配置、诉前程序等规定中体现数字化、智能化的立法元素，以立法推动检察公益诉讼数字化战略的全面落地和深化。

调研报告

DIAOYAN BAOGAO

行政公益诉讼“回头看”评价机制实施现状、问题及对策分析

——以C市D区人民检察院为例

龙　云　李薇菡*

检察公益诉讼制度作为党的十八届四中全会的一项重大部署，旨在通过检察权的依法独立行使，促进依法行政，严格执法，维护宪法法律权威，维护社会公平正义，维护国家利益和社会公共利益。行政公益诉讼作为检察公益诉讼制度的中国特色，以司法权监督行政权的制衡设计，督促行政机关依法履行监督管理职责，切实守好公共利益保护的第一道防线，从而推进国家治理体系和治理能力现代化。而检察机关如何在行政公益诉讼的关键环节——“回头看”中评价行政机关的整改情况，则直接关系到行政公益诉讼的最终质效。对此，笔者以C市D区人民检察院（以下简称D区院）公益诉讼检察部门2018年至2021年的办案数据为样本，对行政机关履职整改的方法手段、检察机关的调查核实方式、检察机关与行政机关的沟通对接模式、检察机关认定整改到位的标准和途径四个方面进行统计和总结，并通过分析主要问题，试提出完善的对策建议。

---

* 龙云，重庆市大足区人民检察院检察五部主任、四级高级检察官；李薇菡，重庆市大足区人民检察院检察六部五级检察官助理。

一、行政公益诉讼“回头看”评价机制实施现状

（一）行政机关的整改手段

据统计（见表1），在D区院2018年至2021年间的行政公益诉讼案件中，行政机关的整改手段主要可以分为以下4种：行政处罚、自行治理、督促整改[①]、建章立制。

表1　行政机关的整改手段及占比

年份	行政处罚	自行治理	督促整改	建章立制	合计
2018	1	44	0	0	45
2019	2	9	39	1	51
2020	5	17	16	1	39
2021	1	4	29	3	37
合计	9	74	84	5	172

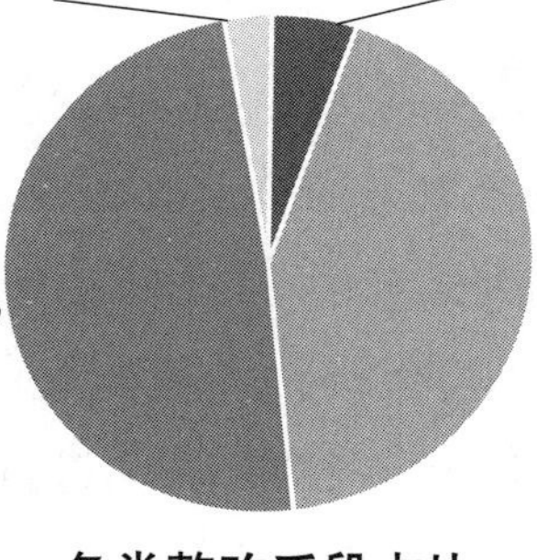

各类整改手段占比

在所有的整改手段中，督促整改占48.84%，自行治理占43.02%，是行政机关采取的两种主要整改手段；行政处罚占5.23%，占比较低；建章立制占2.91%[②]，占比最低。分析原因，行政机关之所以较少采取

① 督促整改包含：监督治理、引进资金、支持技改、搭建平台等。

② 需要说明的是，在具体案件中，行政机关的整改工作一般涉及多种整改手段，但为保证数据的准确性，本文统计的是个案中行政机关的主要整改手段。

行政处罚的方式，主要是因为采取行政处罚的方式的必要不充分条件是案涉违法行为需符合提出行政处罚的条件，但满足该条件的个案数量本就不多，很多侵害公共利益的行为，譬如：城镇污水乱排、游摊无证经营、工程弃土占地等，或因侵害主体难以确定，或因惩处规定滞后，或因多种公共利益交缠等原因不适宜采取行政处罚的方式。而建章立制占比较低的原因则在于其前提条件为案涉问题需同时具有普遍性和严重性，且行政机关能够通过制定规范的方式来防控未来同类问题的产生，这往往在专项行动中办理大型系列案件时才会涉及，一般而言，大型系列案件能推动一项全新制度的出台，但大型系列案件本身数量也不多。在实践中，当个案不涉及明确的行政相对人时，行政机关一般通过自行治理的方式进行整改；当个案涉及明确的行政相对人但不满足行政处罚的条件时，行政机关仍需通过督促整改的方式实现修复受损公共利益的目的。因此，自行治理和督促整改的方式占比较高。

（二）行政机关对整改到位的评价标准及自我判定方法

据统计（见表 2），在 D 区院 2018 年至 2021 年间的行政公益诉讼案件中，行政机关依法全面履职并使公共利益在诉前得到有效维护的案件占 97.68%，依法履职但公共利益未得到有效维护的案件占 1.74%，未依法履职的案件占 0.58%。

表 2　行政公益诉讼案件的评价标准及各项占比

年份	履职后公益得到维护	履职后公益未得到维护	未履职	合计
2018	44	1	0	45
2019	51	0	0	51
2020	36	1	1	38
2021	37	1	0	38
合计	168	3	1	172

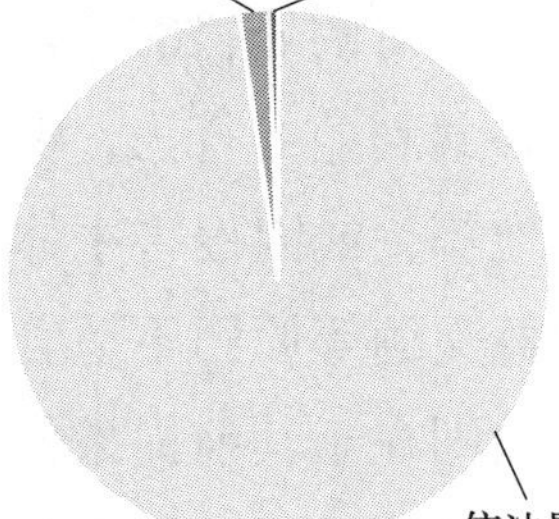

相关案件占比

虽然在绝大部分案件中，行政机关会根据检察建议内容依法全面履职并使公共利益得到有效维护；但是在个别案件中，行政机关会秉持“尽力免责”① 而非“尽职免责”② 的态度实施整改。若以“尽力免责”的方式履行职责，检察机关则无法以法律规定对行政机关的履职行为进行评价，且行政机关是否尽力会因个案的具体情况而有所不同，这会导致检察机关丧失对行政机关履职情况进行评价的统一标准，不利于公共利益的依法维护。

（三）检察机关在“回头看”中的调查核实权行使方式

据统计（见表3），在D区院2018年至2021年间的行政公益诉讼案件中，检察机关在“回头看”中的调查核实权行使方式主要可以分为以下4种：（1）直接现场勘查；（2）要求相关行政机关发送整改后的照片、视频、文书等资料用以审核；（3）委托第三方介入评估；（4）组织专家或人民监督员听证。

---

① “尽力免责”：根据客观条件和实际情况尽量履行相应职责，从而避免由于行政不作为被追究责任。

② “尽职免责”：根据法律法规的规定履行相应职责，从而避免由于行政不作为或乱作为被追究责任。

表 3 检察机关“回头看”中的调查核实权行使方式及各项占比

年份	直接现场勘查	要求发送资料	委托第三方评估	组织召开听证	合计
2018	33	12	0	0	45
2019	51	0	0	0	51
2020	36	0	2	1	39
2021	35	1	0	1	37
合计	155	13	2	2	172

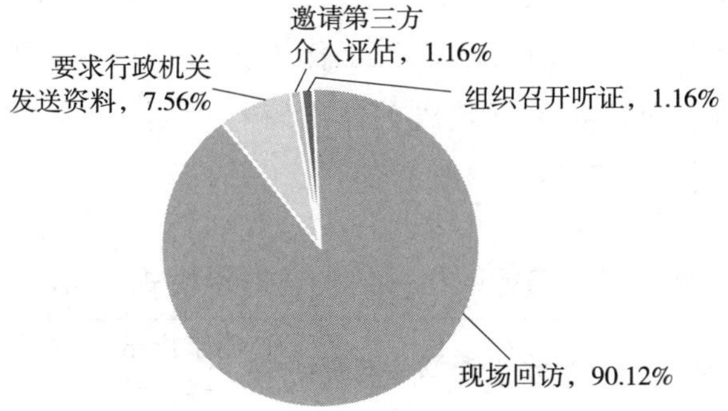

各类行使方式占比

在所有调查核实权行使方式中，检察机关直接现场勘查占 90.12%，是检察机关在“回头看”中行使调查核实权的主要方式；而要求行政机关发送整改后的照片、视频、文书等资料用以审核占 7.56%，此种调查核实权的行使方式主要适用于案情简单明确、整改难度较小的案件；邀请第三方介入评估、组织专家和人民监督员召开听证会均只占 1.16%，这两者占比极低的原因在于，检察机关一般只有在案件涉及行业领域内极其专业的问题时才会在“回头看”中委托第三方介入评估，或者在认定处理极其复杂敏感的案件时才会在“回头看”中组织召开听证，以便更加客观精准地进行公益诉讼监督。在实践中，委托第三方介入评估和组织召开听证的方式集中在涉及历史遗留问题、公益冲突问题以及专业性极强的新领域公益诉讼案件中。可以预料的是，随着公益诉讼制度功能的充分发挥和监督领域的探索发展，复杂疑难案件和新领域案件数量也会与日俱增。因此，以委托第三方介入评估或者组织召开听证的方式来开展“回头看”的占比也将会逐渐增加。

（四）检察机关与行政机关的沟通对接模式

据统计（见表4），在D区院2018年至2021年间的行政公益诉讼案件中，检察机关与行政机关的沟通对接模式主要可以分为以下5种：（1）直接回访行政机关；（2）主动联合行政机关对整改情况进行验收；（3）组织召开听证会邀请行政机关工作人员参与；（4）就调查核实中发现整改不到位问题要求行政机关作出解释说明；（5）参与行政机关为整改召开的验收会等各类整改活动。

表4 检察机关与行政机关的沟通对接模式及各项占比

年份	直接回访	联合验收	邀请参与听证	要求作出解释说明	参与行政机关活动	合计
2018	44	0	0	0	1	45
2019	37	3	0	11	0	51
2020	36	1	0	0	2	39
2021	14	21	1	0	1	37
合计	131	25	1	11	4	172

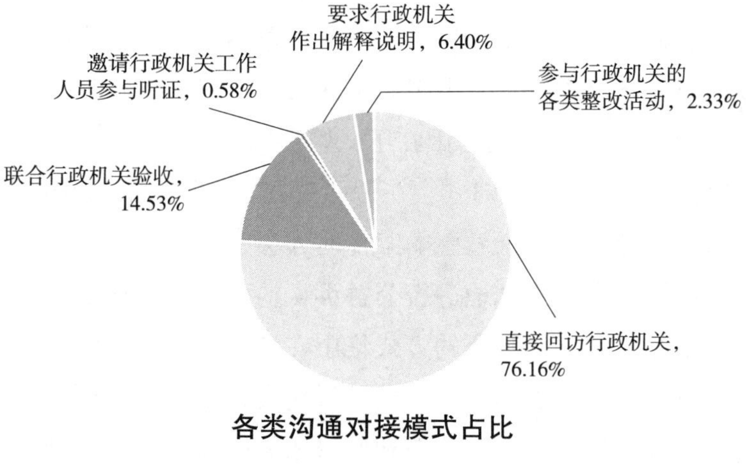

各类沟通对接模式占比

在所有沟通对接模式中，检察机关一般采取直接回访和联合验收的模式与行政机关进行沟通对接，而就调查核实中发现整改不到位问题要求行政机关作出解释说明主要是针对未全面履职整改、需要长期治理和整改后效果反弹的情况，以要求行政机关作出解释说明的方式督促行政机关继续履职，该模式在本质上是调查核实的后续工作，这三者相加占比达97.09%，是检察机关与行政机关沟通对接的主要模式；组织召开听证会邀请行政机关工作人员参与占0.58%，如前文所述，该模式一般是针对涉及历史遗留问题、公益冲突问题以及专业性极强的新领域案件；而参与行政机关为整改召开的验收会等各类整改活动占2.33%，该模式主要是针对整改方案的科学性、合理性、有效性尚需评估的案件，或者整改工作需要多方协调解决的复杂疑难重大案件，由于该类案件本身数量不多，因此对应的沟通对接模式占比也较低。

二、行政公益诉讼“回头看”评价机制存在的主要问题

（一）“回头看”整改情况精准核实难

一方面，与其他检察业务工作不同，公益诉讼案件的办理流程始于线索摸排，这决定了公益诉讼办案工作包含着大量的外勤工作。同时，行政公益诉讼案件中检察建议的整改回复期限还要占据很大一部分的办案流程，而根据《人民检察院公益诉讼办案规则》第47条的规定，[①] 行政公益诉讼跟进调查期限仅有1个月，这便导致了大多行政公益诉讼案件办结时间集中在每年年中或年末。具体而言，检察机关一般会在每年5—6月和10—11月安排一段时间对上、下半年未结案件

① 《人民检察院公益诉讼办案规则》第47条第1款规定：“人民检察院办理行政公益诉讼案件，审查起诉期限为一个月，自检察建议整改期满之日起计算。”

集中进行“回头看”。为顺利完成下半年工作谋划，检察人员在“回头看”中往往没有足够的时间精力对行政机关存在的整改问题进行精准关注。另一方面，工作任务的繁重和人力配置的不足，进一步阻碍检察机关在把握行政机关整改效果时的精准度。同时，由于受到案多人少条件的制约和传统办案习惯的影响，检察机关一般采取“一案一跟进”的“回头看”模式。但在实践中，由于公益受损的具体情形及表现形式具有多样性、复杂性，行政机关针对检察建议事项的整改相应地具有多元性、具体性。由此，公益诉讼案件的整改方式可被划分为以下两种：一次性整改即可完成[①]、单次整改+长效治理[②]。对于后者，整改效果存在反复性，需要监管进行长期、多次地介入，而“一案一跟进”的“回头看”模式，不足以督促行政机关进行长效治理，这就导致检察机关较难完成对行政机关整改情况的实质化监督。

综上所述，行政公益诉讼“回头看”时间较短，检察人员没有充分的时间精力准确掌握行政机关的整改情况，而“一案一跟进”的“回头看”模式也使检察机关对行政机关长期治理的实质化监督不足。

（二）有的行政机关履职标准认识有分歧

根据《人民检察院公益诉讼办案规则》第81条[③]的规定可知，行政公益诉讼案件的起诉需同时满足以下两个条件，即行政机关未依法履职和公共利益仍然受损。这也是检察机关评判行政机关是否整改到位的重要标准。但在实践中，由于受到经济社会发展条件、不可抗力

---

① 比如，追征土地出让金、追征欠缴税款等。

② 比如，对企业非法排污的监管、对违法倾倒废物的处置及治理等。相关论述参见彭劲荣：《稳慎把握三类行政公益诉讼案的诉与不诉》，载《检察日报》2022年7月14日，第7版。

③ 《人民检察院公益诉讼办案规则》第81条规定：“行政机关经检察建议督促仍然没有依法履行职责，国家利益或者社会公共利益处于受侵害状态的，人民检察院应当依法提起行政公益诉讼。”

等客观限制，存在行政机关已经依法全面履职但公共利益仍然受损的情形。[①] 此时，检察机关不会直接起诉，或协同行政机关寻求外力帮助，或依法做结案处理。因此，行政机关是否依法全面履职成为整改是否到位的关键标准。在实践中，有的检察机关和行政机关存在“尽职免责”和“尽力免责”的认识分歧。有的行政机关认为，各地客观条件不同，个案实际情况迥异，只要履行了能够履行的职责，就应当被认定为依法整改；而有的检察机关则认为，各地的客观条件和个案的实际情况的确有所不同，但相关法律、法规、规章，特别是当地的规范性文件在制定中应当已充分考虑各地、个案可能的差异，“尽职免责”是不能突破的法律底线，行政管理和执法过程中遇到困难应当依程序请示报告，“尽力”不应当成为“免责”的理由。由于存在上述认识分歧，在个案中检察机关和行政机关有时难以形成公益保护合力，受损公共利益持续处于无法得到有效保护的状态。

综上所述，行政机关是否依法全面履职和公共利益是否得到有效保护，是检察机关评判行政机关是否整改到位的重要标准。在实践中，有的检察机关和行政机关存在对“尽职免责”和“尽力免责”的认识分歧，这在一定程度上影响了公益诉讼案件的整改效果。

---

① 需要说明的是，若行政机关已经全面采取整改措施依法履行职责，但公共利益仍然受损，这并不属于行政机关的责任，而是受社会发展制约，应当结案。相关论述参见张雪樵、万春主编:《公益诉讼检察业务》，中国检察出版社 2022 年版，第 80-81 页。

（三）专业化办案所需经费保障难

根据相关法律[①]规定，截至目前，行政公益诉讼领域涉及：生态环境和资源保护、食品药品安全、国有财产保护、国有土地使用权出

---

① （1）《行政诉讼法》第25条第4款规定："人民检察院在履行职责中发现生态环境和资源保护、食品药品安全、国有财产保护、国有土地使用权出让等领域负有监督管理职责的行政机关违法行使职权或者不作为，致使国家利益或者社会公共利益受到侵害的，应当向行政机关提出检察建议，督促其依法履行职责。行政机关不依法履行职责的，人民检察院依法向人民法院提起诉讼。"（2）《未成年人保护法》第106条规定："未成年人合法权益受到侵犯，相关组织和个人未代为提起诉讼的，人民检察院可以督促、支持其提起诉讼；涉及公共利益的，人民检察院有权提起公益诉讼。"（3）《军人地位和权益保障法》第62条规定："侵害军人荣誉、名誉和其他相关合法权益，严重影响军人有效履行职责使命，致使社会公共利益受到损害的，人民检察院可以根据民事诉讼法、行政诉讼法的相关规定提起公益诉讼。"（4）《安全生产法》第74条第2款规定："因安全生产违法行为造成重大事故隐患或者导致重大事故，致使国家利益或者社会公共利益受到侵害的，人民检察院可以根据民事诉讼法、行政诉讼法的相关规定提起公益诉讼。"（5）《个人信息保护法》第70条规定："个人信息处理者违反本法规定处理个人信息，侵害众多个人的权益的，人民检察院、法律规定的消费者组织和由国家网信部门确定的组织可以依法向人民法院提起诉讼。"（6）《反电信网络诈骗法》第47条规定："人民检察院在履行反电信网络诈骗职责中，对于侵害国家利益和社会公共利益的行为，可以依法向人民法院提起公益诉讼。"（7）《农产品质量安全法》第79条第2款规定："食用农产品生产经营者违反本法规定，污染环境、侵害众多消费者合法权益，损害社会公共利益的，人民检察院可以依照《中华人民共和国民事诉讼法》、《中华人民共和国行政诉讼法》等法律的规定向人民法院提起诉讼。"（8）《妇女权益保障法》第77条规定："侵害妇女合法权益，导致社会公共利益受损的，检察机关可以发出检察建议；有下列情形之一的，检察机关可以依法提起公益诉讼：（一）确认农村妇女集体经济组织成员身份时侵害妇女权益或者侵害妇女享有的农村土地承包和集体收益、土地征收征用补偿分配权益和宅基地使用权益；（二）侵害妇女平等就业权益；（三）相关单位未采取合理措施预防和制止性骚扰；（四）通过大众传播媒介或者其他方式贬低损害妇女人格；（五）其他严重侵害妇女权益的情形。"（9）《野生动物保护法》第63条规定："对违反本法规定破坏野生动物资源、生态环境，损害社会公共利益的行为，可以依照《中华人民共和国环境保护法》、《中华人民共和国民事诉讼法》、《中华人民共和国行政诉讼法》等法律的规定向人民法院提起诉讼。"另外，《英雄烈士保护法》第25条第2款和《无障碍环境建设法》第63条也都对公益诉讼检察进行规定。

让、未成年人保护、军人地位和权益保护、安全生产、个人信息保护、反电信网络诈骗、食用农产品安全、妇女权益保护、野生动物保护等多个方面。不难看出，随着时代的发展，越来越多的专业领域被逐步拓展并纳入公益诉讼案件范围，这也要求公益诉讼检察人员需要具备精益求精的法律素养和与时俱进的专业能力，但面对案多人少的现实困境，借助“外脑”参与办案成为提升公益诉讼办案质量的关键。在实践中，公益诉讼办案任务本就涉及大量的外勤工作，而调查取证需要装备执法记录仪、无人机、检测仪等各类科技设备，相较于其他检察业务工作本就需要投入更多的人力、物力、财力。除此之外，当遇到专业问题导致办案出现瓶颈时，又需要借助“外脑”。此时，无论是组织相关人员参与听证，还是委托专业机构、专家人士检测、鉴定、评估都需要高额费用。而借助“外脑”一般是在办案过程中临时决定，前期预算时无法准确估计，难免导致全年经费有限，不能满足后续工作所需，此时经费不足极易造成“外脑”缺失，从而影响“回头看”成效。

综上所述，为应对公益诉讼新领域中的专业问题，进一步提升工作成效，借助“外脑”参与办案成为公益诉讼办案的大趋势。但由于借助“外脑”一般是临时决定，全年经费有限，难以前后兼顾，这会给“回头看”成效造成影响。

（四）整改成效多重评价标准有待优化

公益诉讼案件的整改成效评价标准因案件领域的不同而不同，即使是同领域同类型的公益诉讼案件，其整改到位标准也会因案件具体情况的不同而有所区别。以生态环境和资源保护领域的污水乱排类行政公益诉讼案件为例，导致污水乱排的原因可能是排污主体偷排污水，也可能是城市污水管网建设欠账或维护不当导致污水直排、漏排。一般而言，前者较易整改，行政机关可通过行政处罚或者责令整改等方式达到立竿见影的整改成效；而后者由于牵涉多个单位的职责分工，以及污水管网建设维护的经费保障等问题，整改流程繁琐，整改时间漫长，因此很难在短期内取得较好的整改效果。但从目前公益诉讼业务工作的考核标准来看，量化指标不仅对检察机关督促行政机关完成整改的数量和质量有所要求，还对全年的诉前整改率有评分规定；这种对全年案件整改成效简单地进行整体考评的做法，是否有利于引导检察人员办理维护公益受损严重、整改难度较大的公益诉讼案件，是否有利于检察机关对重大公共利益受损情况进行充分救济有待商榷。

综上所述，即使是同领域同类型的公益诉讼案件，其整改成效的评价标准也会因案件具体情况的不同而产生差异。因此，建议优化行政公益诉讼案件整改成效进行多重评价的做法。

三、行政公益诉讼“回头看”评价机制完善对策

（一）优化办案节奏，提高整改情况核实精准度

如前所述，检察机关之所以无法在行政公益诉讼“回头看”中对整改情况进行精准核实，一是因为“回头看”时间不足，二是因为“一案一跟进”的“回头看”模式导致检察机关的实质化监督不足。

就“回头看”时限而言，相较于《检察机关行政公益诉讼案件办案指南（试行）》[①] 两个月的规定，现行《人民检察院公益诉讼办案规则》第47条第1款[②] 将“回头看”时限缩短为一个月，其本意旨在提高检察机关跟进监督的效率，更为快速有效地维护公共利益。当然，

① 《检察机关行政公益诉讼案件办案指南（试行）》中规定：“拟决定向人民法院提起行政公益诉讼的，应当在检察建议回复期满之日起两个月内办理终结。有特殊情况需要延长的，报经检察长决定。”

② 根据《人民检察院公益诉讼办案规则》第47条第1款规定：“人民检察院办理行政公益诉讼案件，审查起诉期限为一个月，自检察建议整改期满之日起计算。”

这并非意味着，检察机关会在“回头看”中降低对整改情况的精准核实。在当前的办案程序下，要想精准把控“回头看”工作，就需要在诉前阶段提前准备，从而提高“回头看”调查核实的质量和效率。与刑事检察诉前主要采取书面审查的方式不同，公益诉讼案件办理需要从线索摸排开始，作为一项全流程的检察办案业务，检察机关办理一件公益诉讼案件的工作量往往是刑事案件的数倍。在时间、资源有限的情况下，检察机关需要统筹协调，以解决“回头看”件件精准核实的难题。

笔者认为，有效“回头看”是保证行政公益诉讼办案质效的关键，因此，不能降低“回头看”的质量标准，而应当从优化办案节奏入手改进“回头看”工作。具体而言，一是全国统一业务考核数量指标。各省办案数量的量化指标应由最高检统一把控，避免各省因年度办案量参差不齐而影响行政公益诉讼整体质效。二是坚持“稳数量增质量”[①]。在保证每年办案基数的前提下，逐步把行政公益诉讼的全年办案数稳定在一个合理阈值内，并将检察机关在“回头看”中对整改情况的精准把控纳入考核，不断完善办案质量考核指标，使基层院的关注重点从办案数量转移到办案质效上来，引导其加强对重大复杂案件的办理。三是增加“监督事项”考核。将检察建议中监督事项的数量和办理案件的数量进行区分，借鉴刑事检察以打击人数而非案件数为基础数据的考核方式，将监督事项的数量也纳入考核，通过统筹运用事数和件数进行量化考核，综合评价检察机关的公益诉讼工作质效，从而引导基层院在办案时加强检察建议制发的规范建设，增加检察建议的刚性和公信。四是优化办案节奏。鉴于《人民检察院公益诉讼办案规则》没有硬性规定行政公益诉讼立案至发出检察建议的办案时限，

① “稳数量增质量”，指将行政公益诉讼的全年办案数稳定在一个合理阈值内，并完善办案质量的指标。

要想精准把控“回头看”工作，就需要在诉前阶段投入更多的办案时间和精力，提前做好跟进调查的基础预案，为在“回头看”中精准核实行政机关整改情况节省时间。

（二）加强节点对接，消除认识分歧，提高“回头看”监督成效

笔者认为，要进一步消除认识分歧，一方面，应在办案中严格落实检察机关和行政机关之间建立的联系协作机制。具体而言，应以立案、诉前磋商、制发检察建议、“回头看”、起诉五个环节为节点，在节点前和行政机关进行专门的有效沟通，并将具体沟通情况以书面材料形式存入检察内卷保存。同时，应在沟通中不断明确行政机关的职责范围、已履职情况、未履职部分及公益受损状况，从而使双方形成共识。譬如，在个别案件中，行政机关认为，其已经就公益维护款项向上级进行申请，或者其已经对侵害公益行为作出行政处罚决定，因此，其应属于依法履职尽责；此时，检察机关在“回头看”中发现受损公益并未重新得到有效维护，行政机关履职行为仍需后续跟进，就应当向其说明“无回音无结果非全面履职”的结案原则：对于前者，申请只是履职的一个中间步骤，其职责还包含跟进申请的批复，自筹资金做好紧急问题整改，督促批准款项落实到位，以及最终用好拨款维护公益；对于后者，行政处罚后，如果行政相对人没有履行处罚决定，致使公益仍然处于受损状态，那么行政机关不仅可以启动强制执行程序，还能通过追索生态损害赔偿等方式最大化地维护公共利益。

另一方面，检察机关除应追求办案结果的“双赢多赢共赢”外，也应将“双赢多赢共赢”理念贯彻到办案方式中。检察机关应当在日常工作中加强与行政机关的非正式沟通，主动了解行政机关在依法履职中遇到的困难，对于公益纠缠、多头管理、分工不明、历史遗留等疑难复杂问题，可以通过提供相关法律意见、召开工作联席会、组织公开听证、撰写情况反映等多种方式给予帮助，从而提高“回头看”的监督成效。

（三）细化经费保障，完善“双重”管理[①]，提高“回头看”专业化水平

如前所述，借助“外脑”参与办案是解决公益诉讼新领域中专业问题的有效手段，但在实践中，由于经费缺乏导致调查的技术水平、“外脑”的参与程度普遍不高，这给“回头看”工作造成了较大影响。

对此，笔者认为，只有对经费进行更为科学合理地统筹保障，才能进一步提高行政公益诉讼的办案专业化水平，具体可从以下几个方面入手：一是优化预算申报。各地检察机关应对公益诉讼部门近几年的花费特别是专业设施设备的配置，委托检测、鉴定、评估、审计、翻译，组织听证、验收活动进行专项分类统计，并根据统计情况在10%浮动范围内申报下一年度的工作预算，这样不仅有利于掌握公益诉讼工作开展所需各项经费的浮动规律，便于对各项费用的差额和结余进行及时调整，还可以不断增强高新技术和“外脑”参与，以对公益诉讼的精准监督进行有效支持。二是加强经费考核。由于经费保障是工作开展的基础，因此，应将公益诉讼经费的申报和使用情况纳入考核，这不仅有利于规范经费的申报和使用，也有利于使经费运转的全流程更为公开透明，避免滋生腐败，使好钢用在“回头看”等刀刃上。三是设立公益保护专项基金。在实践中，检察机关通过公益诉讼追索到的各类赔付金一般会上缴国库，由各级财政统筹管理。对此，笔者认为，可以设立公益保护专项基金，实行专款专用，由财政监管，建立单独简洁的审核拨付流程，以保障相关经费及时给付到位，从而

---

① “双重”管理，指对公益诉讼专项基金的“双重”监管，一是内部考核，二是财政监管。

提高检察机关“回头看”的效率和质量。

（四）慎行多重评价，引导公益诉讼健康发展

如前所述，现行考核标准存在多重评价的问题，主要体现在其对检察机关督促行政机关完成整改的数量质量和全年诉前整改率（以下简称整改率）同时进行考核上。意即，整改到位的案件越多，可以得到相应数量加分；整改到位的案件效果越好，可以得到相应质量加分；而整改到位的比例越高，才能得到更高整改率评分。

对此，笔者认为，让每个案件都能整改完成并取得良好质效，是司法办案的工作追求，而保护更紧要更重大的公共利益是法律监督的基本准则。因此，需要检察机关平衡好数量、质量和效率三者的关系，在制定公益诉讼考核标准时，除坚持“稳数量增质量”外，要对诉前整改率考核审慎实行，具体建议如下：一是取消最高评价分模式，在调研分析的基础上，给全年诉前整改率设置合理的基准线，如设置为90%，只要达到该数值以上就不扣分，避免基层院为争取最高评价的满分而少办或不办重大复杂案件。二是引入未结案件连续考评模式，将往年立案监督后未完成整改、经过“回头看”跟踪督促整改到位的结存案件纳入本年度整改率分子，将本年度新立案件（含监督后未完成整改案件）全部纳入本年度整改率分母，并设置100%的最高整改率，[①] 从而为基层院积极办理重大复杂公益诉讼案件，以高质量标准开展“回头看”工作，推动检察公益诉讼制度持续健康发展。

---

① 将往年立案监督，当年整改完成的结存案件纳入整改率分母，并设置100%的最高整改率：有利于检察机关根据实际办案情况，跨年度跟进整改情况，保障监督质效；同时，保障当年的案件整改率，避免部分检察机关通过暂缓监督进程，从而将相关案件留存到下一年度集中冲击高分（超过100%）的情况出现。

关于检察公益诉讼推动药品说明书适老化改革的调研报告

天津市人民检察院第一分院、
天津市北辰区人民检察院联合课题组

随着我国逐渐步入老龄化社会，老年人权益保护问题日益凸显。老年人对药品说明书“看不清”的问题反映尤为强烈，此问题事关老年人的用药安全，为此，在2023年两会期间，有全国人大代表提出了药品说明书适老化改革议案，引发全社会广泛关注。药品说明书适老化改革也是无障碍环境建设的重要内容，《中华人民共和国无障碍环境建设法》（以下简称《无障碍环境建设法》）已于2023年6月28日经全国人大常委会第三次会议正式审议通过，该法第37条第1款规定：“国务院有关部门应当完善药品标签、说明书的管理规范，要求药品生产经营者提供语音、大字、盲文、电子等无障碍格式版本的标签、说明书。”同日，国家药监局发布了《药品说明书适老化改革试点工作方案（征求意见稿）》（以下简称《征求意见稿》），率先在老年患者常用的部分口服、外用药品制剂中开展药品说明书适老化改革，目前试点工作已在上海、江苏等省市展开。

天津虽然未被纳入第一批试点，但天津检察机关深刻领会药品说明书适老化改革的深远意义，不仅关系着老年人的合法权益及社会的无障碍环境建设的共建共享，也关系着天津医药行业的高质量发展。

医药产业是天津产业体系的重要组成部分，[①] 改革是牵一发而动全身的巨大工程，如何通过法治手段推动药企适应改革，达到权益保护和产业发展的双赢是检察公益诉讼服务大局的重要职责。《无障碍环境建设法》第63条明确规定了检察公益诉讼条款，因此，市检察院提早谋划，指导市检一分院、北辰区院共同开展药品说明书适老化改革调研，力图为改革方案的顶层设计提出优化建议，推进检察机关用药无障碍环境建设公益诉讼工作。

调研组实地走访了市药监局和两家药企，了解在推进药品说明书适老化改革工作中药监部门和药企面临的现实问题。召开座谈会，邀请药监局、医药行业以及法律学者、老年人、盲人群体代表、人大代表、政协委员、“益心为公”公益诉讼观察员共商适老化改革问题，集思广益寻求改革难题破解之道。

本调研报告对药品说明书适老化改革的必要性、改革中存在的难点问题进行了分析，结合文献研究成果以及实践调查情况，提出解决方案以及检察公益诉讼推进改革的可行路径。

一、药品说明书适老化改革的必要性

（一）改革满足老龄化社会的现实需求

截至2022年底，全国60岁及以上老年人达到2.8亿人，占总人口的19.8%，与2021年相比，2022年底60岁及以上人口增加1268万

① 生物医药产业是天津打造“1+3+4”现代工业产业体系的重点之一，也是“一主两翼”产业创新格局的两“翼”之一。2020年，天津生物医药产业规模超600亿元，2023年生物医药产业预期规模达到820亿元。参见《关于印发天津市生物医药产业发展“十四五”专项规划的通知》《关于印发天津市产业链高质量发展三年行动方案（2021—2023年）的通知》，载天津市工业和信息化局官网，2023年10月8日最后访问。

人，比重上升 0.9 个百分点。[①] 可见，目前老年群体人口众多，且人口老龄化程度不断加深。

随着老年用药群体的日渐庞大，药品说明书“看不清”的问题已经成为老年人生活的严重困扰，影响了老年人的用药安全。长久以来，药品包装及说明书字号、字间距和行间距偏小，有的说明书字号仅有四磅，一粒大米的长度以内就能塞下四个汉字。调研中，老年人代表反映，面对又小又密的药品说明书，有时借助放大镜也很难找到药品用法用量、禁忌症等关键信息，很多时候只能根据习惯用药。然而，不同药企生产的同种产品往往含量不同，服用剂量和次数也不尽相同，这样“盲服”可能带来用药安全隐患，而且，因无法获知药品信息而吃错药或者没有及时吃药导致病情延误的情况也时有发生。可见，现有药品说明书的制定标准无法满足老年人群体保障用药安全的现实需求，不能适应我国人口老龄化的发展态势，亟须进行改革。

（二）改革是落实《无障碍环境建设法》的必然要求

保障老年人、残疾人等特定群体平等、充分、便捷地参与和融入社会是《无障碍环境建设法》的立法宗旨。这也是在新时代回应人民群众对美好生活新期待的重要举措，有利于促进社会全体人员共享经济社会发展成果，是习近平法治思想“人民至上”理念的重要实践。说明书问题是用药无障碍环境建设的一部分，不仅关乎用药安全，也关乎特定群体的自主生活和幸福尊严。残联代表提出，目前天津市有 3 万多名盲人，其中很多盲人是具有部分视力的视障人士，他们有生活自理的需要，希望能通过智能手段阅读说明书，减少对他人照料的依赖。调研中，老年人和盲人群体代表对说明书问题感触至深、反映

① 《数据概览：2022 年人口相关数据》，载中华人民共和国国家发展和改革委员会官网，https://www.ndrc.gov.cn/fggz/fgzy/jjsjgl/202301/t20230131_1348088_ext.html，2023 年 10 月 9 日最后访问。

强烈。根据媒体统计，有关全国人大代表提出药品说明书适老化改革议案的微博相关话题登上热搜，阅读数超3666.6万人次，[①] 充分说明这是引起全社会普遍共鸣的社会治理问题。检察机关作为国家法律监督机关和公共利益的代表，对于这一影响公众用药安全、妨碍特定群体参与融入社会生活的普遍性问题，有义务依法能动履行公益诉讼职责，推进以药品说明书适老化改革为中心的用药无障碍环境建设。

虽然现行的药品说明书版式是依据《药品管理法》《药品说明书和标签管理规定》制定的，其中并没有对说明书字体大小作出明确规定，仅仅是要求“清晰易辨”。但按照新法优于旧法的法律适用原则，《无障碍环境建设法》对药品说明书“语音、大字、盲文、电子等无障碍格式版本”的新规定具有更高的法律效力，因此改革势在必行。调研中，药企、药监部门虽然也提出了一些实际困难，但社会各界对站稳“发展为了谁”的人民立场表示高度赞同，认识到对老年人、盲人群体的特殊关护是在更深层次上体现社会文明进步和公平正义，对药品说明书适老化改革的必要性已经达成共识。

二、药品说明书适老化改革面临的难点问题

国家药监局发布的《征求意见稿》的适老化改革思路是以简化内容、调大字号行距的方式来改善“看不清”的问题，并辅以二维码、电子播报增强可读性。改革内容主要有四点：一是增加了简化版纸质药品说明书，《征求意见稿》要求在药品最小销售单元包装中必须提供缩减了部分内容的简化版纸质说明书，当然也可同时提供完整版的纸质说明书。此外，持有人应当在药品中包装或者大包装中提供一份纸质完整版药品说明书，方便医师、药师等专业人士使用。二是增加了

---

① 《改造说明书“入法”适老化“转型”破局》，载《中国医药报》2023年7月15日。

电子二维码，规定持有人应当在药品包装或者简化版药品说明书上印制二维码，患者可以通过扫描二维码获得完整版的电子药品说明书。三是增大了字号行距，规定简化版纸质说明书正文须用四号字，完整版正文须用三号字，行距为 30 磅。四是鼓励提供语音播报、盲文说明书等服务，以满足残障人士等特定群体安全用药需求。从调研中了解的情况来看，《征求意见稿》的施行存在一些实际困难。检察公益诉讼应当从中找准履职切入点、着力点，释放制度效能，推进改革进行。

（一）专业要求和患者需求的不同

通过调研发现，由于监管要求、医药专业人员需求与患者需求之间存在不同之处，导致专业人士和患者对说明书内容的功能要求存在较大差异。

对于医生、药师等专业人员而言，药品说明书是经国家食品药品监督管理总局审核批准的、具有法律效力的重要文件，也是药品生产者宣传介绍药品特性、指导合理用药的主要媒介。药品说明书内容是否完整、规范，直接影响着临床治疗药物的选择和患者用药安全。调研中，医生、药师代表表示，药品说明书是他们开展疾病治疗与用药工作的科学依据和知识宝典，他们希望药品说明书尽可能详细，尤其是载明分子结构、药代动力学、药物相互作用原理和临床试验数据，以此来判断药品是否适用于个别患者，而非一简了之。药监部门也表示，药品是特殊商品，说明书内容详尽是与国际惯例接轨的要求，国外对药品说明书内容有更严格的要求，进口药说明书内容会更多。而且，老年人用药安全不是一纸说明书能够解决的，需要药事服务、家庭、社会养老支持水平的全面提升。总之，从监管角度和专业角度出发，为了更好地实施监管、指导用药，专业人员希望药品说明书内容走向详尽化。但从患者角度出发，他们对药品说明书中的用法用量、功能主治、用药禁忌、注意事项等内容较为关注，希望这部分内容简洁、清晰、易辨识，对其他专业性较强的内容不需要也看不懂。

《征求意见稿》采用了兼顾简化和详尽的方式，要求在药品最小销售包装里设置纸质简化版说明书，在药品中包装或者大包装中必须提供一份纸质完整版药品说明书。调研中，医生等专业人士表示，如果一箱中只有一份完整说明书，那么在分销环节无法配全说明书，使用极不方便，影响用药指导。

（二）生产成本和产业发展的挑战

药品说明书适老化改革牵一发而动全身，简化和放大字号看似简单，却大量增加了企业的生产成本。

随着监管要求的提升，国家对于药品说明书有严格的印制标准，药品说明书需要注明的内容越来越多，越来越详细。比如，《药品说明书和标签管理规定》第9条规定，药品说明书应当包含药品安全性、有效性的重要科学数据、结论和信息，用以指导安全、合理使用药品。根据上述法律规定，药品的说明书应列内容有14项之多，仅药品名称一项就要列明通用名、英文名、汉语拼音、化学名称、分子式、分子量、结构式等内容。既要满足监管要求又要控制成本，因此药企通常会采取缩小字号、字间距和行间距的方式，让药品说明书在有限纸张范围内容纳更多内容。

调研组通过走访天津当地两家知名药企了解到，目前大型药企基本做到了自动化、智能化生产，放大药品说明书的字号和间距不仅需要更大的纸张，而且整体包装、生产线都会发生变化，生产线参数要重新调试、设计，对于单条采购价格动辄上千万元的自动化生产线来说，重新修改和调试设备会是一笔庞大的支出。同时，生产线的变动还会导致药品生产效率的大幅度降低。如对于《征求意见稿》规定的在药品大包装内加入完整说明书这个要求，自动化生产线就要额外增加一个在大包装内放置说明书的环节，看似仅花费几秒钟的流程，但对于日包装上万盒的生产线来说，无疑大幅降低了生产效率。因此，改革总体来说会增大药企生产成本，降低与同品类进口药品的竞争力，进而间接影响到医药行业整体的发展，所以企业参与改革的动力不足。此外，从经济学的角度来说，增加的成本可能会通过提高药品价格的方式转嫁给患者和医保基金，2021 年我国医药商品销售总额达 26064 亿元，[①] 如果因成本增加而提高药价，那将是一个庞大的数字。

（三）修改难度和法律风险的担忧

首先，药品说明书修改工作量巨大。适老化改革涉及数万种药品，内容修改要经过复杂的审批手续，意味着药企和药监部门需要付出巨大的人力物力成本。

其次，修改药品说明书可能存在法律风险。调研中，药企和药监部门对改革最大的顾虑即是法律风险问题。《征求意见稿》提出的简化版说明书是否和完整版具有同等法律效力，如果个别患者没有阅读完整版说明书，出现不良反应，药企是否要负法律责任？《药品说明书和标签管理规定》第 14 条规定：药品说明书应当充分包含药品不良反应信息，详细注明药品不良反应。药品生产企业未根据药品上市后的安全性、有效性情况及时修改说明书或者未将药品不良反应在说明书中充分说明的，由此引起的不良后果由该生产企业承担。可见，未充分说明不良反应产生的后果由企业承担法律责任，但简化版说明书由于篇幅限制不可能将所有不良反应详细说明，某些西药不良反应有十几项之多，如果将不良反应、药物相互作用等都详细列明，那么简化版与完整版将没有区别，这就达不到改革目的。在这种情况下怎样去修改不良反应内容，使患者能够清楚不良反应的种类和发生条件、严

① 《2021 年药品流通行业运行统计分析报告》，载中华人民共和国商务部官网，2023 年 10 月 8 日最后访问。

重程度，从而作出是否用药的决定，又能使企业避免承担不必要的法律风险，是改革的难点问题。

三、检察公益诉讼推动药品说明书适老化改革的进路

药品说明书适老化改革的根本目的是保障用药安全，“放大药品说明书字体字号”并不是唯一的路径，而应是一项系统工程，在满足老年人群体清晰易辨的阅读需求之外，还应兼顾到药品监管和医药专业需求，需要拓宽视野、多方探索，综合予以推进。检察公益诉讼应立足法治基点，发挥协同力量、堵漏建制的制度优势，充分运用多元监督手段推动适老化改革顺利进行。

（一）优化设计完善方案，提供精准法治服务

从调研中反映的情况来看，《征求意见稿》在实施中还面临着诸多困难，药品管理相关法律法规也面临着修改，因此检察机关有必要从“监督＋保护”的公益诉讼核心内涵出发，通过调研报告、社会治理检察建议等方式，积极建言献策，提供法治解决路径，保障适老化改革的合法性、科学性。

1. 立足可行性，实现“看得清”

结合调研实际情况，可以不拘泥于增设简化版说明书这一条思路，而是根据说明书的实际不同情况并考虑到药企控制成本的需求，设计不同的改革方案，激发药企参与改革的内生动力，同时满足“看得清”的需求。

（1）对于内容本来就不多的药品说明书，可以在原说明书内将药品名称、适应症、用法用量等患者关注的关键信息字体加大加粗或者画下划线标明，达到突出醒目易辨识的目的。多数中成药字数在600字左右，如复方丹参滴丸，原说明书有18.5厘米长、12厘米宽，字数600余字，如果按照《征求意见稿》提出的正文四号字、行距30磅的

格式要求，则要在一张 A4 纸上双面打印，现有包装盒难以放下如此大的说明书，整条包装生产线都要进行调整。老年人代表表示，如果仅是将核心内容放大加粗予以突出，也能起到重点提示的效果。这样纸张不会有明显变化，对生产线影响较小，既能达到改革目的，又能适当节省成本。

（2）对于内容较多的说明书，可以增设简化版说明书。调研中老年人代表提出，对于《征求意见稿》简化版内容还应进行进一步简化，以化学药简化版模板为例，其中正文必备项目仍有 14 项之多，但商品英文名称、化学成分、性状、贮藏等项目不是患者关注的，老年人一般只需看药品名称、适应症、用法用量、常见不良反应、禁忌即可，如果想了解更多可以看电子版完整说明书。同时，企业在销售时可将纸质完整版说明书作为附件单独交付，满足专业人士对完整版说明书的需求。这样既简单明了，符合老年人阅读和用药安全需求，也能减轻说明书修改的难度。

（3）明确药品确切用量。比如，药品应该直接标明需服用几粒或者几片，而非只标注药品的单位剂量以及需服用的总剂量，避免老年人因对计量单位不熟悉而计算错误导致用药风险。

在本调研报告完成后，调研组即将相关意见建议通过情况反映等形式提交市院、政法委、药监部门、人大代表，作为适老化改革的决策参考。之后，2023 年 10 月 31 日，国家药监局发布了《关于药品说明书适老化及无障碍改革试点工作方案的公告》（2023 年第 142 号），并于 11 月 24 日发布了《药品说明书（简化版）及药品说明书（大字版）编写指南》和《电子药品说明书（完整版）格式要求》。上述文件与调研提出的部分建议不谋而合，对简化版的内容进行了进一步简化，删除了药品英文名称、孕妇及哺乳期妇女用药、儿童用药、老年用药、药物滥用和药物依赖等内容，同时不强制采用简化版说明书，而是根据说明书内容和纸张具体情况可选择采用简化版、部分内容字体放大版等形式，而且对字号行距不再做具体要求，只是建议使用四号及更大字号。通过对《征求意见稿》的修改，增强了改革因地制宜的灵活性，平衡了清晰易辨的需求和改革成本之间的关系。

2. 把握科学性，保证“管得住”

药品是受到严格监管的特殊商品，药品说明书是经过审核的法律文件。药品说明书的改造要审慎而行，有效防范法律风险。调研中，药监部门表示会加强对说明书的备案管理，准确研判法律风险点，解除药企在法律风险方面的顾虑，确保说明书的真实性、准确性。国家药监局正式发布的《药品说明书适老化及无障碍改革试点工作方案》也注意到了此问题，规定持有人应按照《药品说明书（简化版）及药品说明书（大字版）编写指南》的要求编制简化版、大字版说明书，并对其真实性、准确性承担全部责任，同时国家药监局药审中心负责做好技术指导工作。对于简化版说明书可能存在法律风险问题，检察机关可提供法治服务，联合医药、法律专业人士为药监部门审核提供法律解读等专业意见，防止药监部门出现监管盲区，进一步对现有简化版说明书内容进行考察，确保其已涵盖了普通患者安全用药必须了解的内容，避免法律风险。

鉴于处方药一般均有医嘱，非处方药大多是患者自行购药，患者对非处方药说明书完整内容的阅读需求更大，因此，建议《药品说明书适老化及无障碍改革试点工作方案》对处方药、非处方药分类制定改造规范，利于精准施策。

（二）运用多元监督手段，协调加强药事服务

药品说明书适老化问题不仅存在于药品的生产环节，也贯穿了从生产到销售的整个过程。调研中各方代表一致认为，说明书只是保障用药安全的一部分，说明书内容都是医学专业用语，普通患者很难准确理解，如果医院、药店能够提供详细的用药指导，将会更大程度地

保障用药安全。因此，要打破专业人员与患者之间的专业壁垒，而且，在药品的终端销售环节，能够比药品生产环节更灵活、更普遍地进行适老化改革。

药事服务涉及医药机构、医疗服务、执业药师、药品经营流通管理等多项内容，由卫生健康、药监、市场监管部门综合监管。检察机关应根据《药品管理法》等规定，厘清各部门的具体职责，通过公开听证、磋商、制发检察建议等方式，督促行政机关依法履行监管职责，协调各部门合力推进用药无障碍建设，引导医药机构、行业协会按照《药品管理法》的要求充分履行用药科普义务，加强对药剂师执业监管和培训，提高药事服务质量，保障用药安全。同时，检察机关应聚焦老年人、残疾人等特定群体日常生活中使用频率较高的用药事项和服务场景中的“数字鸿沟”问题，推进系统监督，规范说明书二维码链接内容，防止药品虚假宣传，加强线上药事服务的个人信息保护，促进无障碍环境建设水平提升。

1. 体现前瞻性，力求“看得懂”

“看得清”只是适老化改造的第一步，“看得懂”是适老化改革的必然发展方向。

（1）医院开设药事门诊。《药品管理法》第69条规定，医疗机构应当配备依法经过资格认定的药师或者其他药学技术人员，负责本单位的药品管理、处方审核和调配、合理用药指导等工作。药事服务为病人提供直接的、有责任的药事服务技术，尊重患者的用药知情权和用药选择权，指导患者安全有效合理用药，开展不良反应、用药错误、药品损害监测报告，与医疗、护理服务同等重要。调研中，通过在医院开展的对老年患者的用药素养调查显示，老年人由于知识结构的限制，信息接受度有限，对药品说明书很多内容看不懂，老年患者更希望有人工互动或视频讲解。但实践中，由于医疗资源紧张，很多医院没有设立药事服务门诊。建议由卫健部门组织推动医疗机构广泛开设药事门诊，尤其在与老年人联系紧密的社区医院开设此门诊，细化服务标准，出台明确的用药指导清单，更便捷地为老年人提供用药指导服务。

（2）药店设立药事服务台。建议市场监管部门推动在零售药店设立药事服务台，通过制定药学服务公约、设立专门服务台，配置打印机、可放大显示药品说明书的大屏幕，应患者需求提供放大版药品说明书、老花镜等服务，为老年人群体及视障患者提供有针对性、必要的便利服务。建议药监部门加强对药店药剂师资质管理，明确驻店药剂师用药提示职责，定期对药剂师开展服务意识和服务能力的培训，为老年人提供更好的用药指导。针对视障群体的用药需求，有针对性地研究制定药店无障碍服务行业标准与指引，借助全市社区药品安全服务网，将用药服务在线上延伸。

2. 开发智能性，逐步“看得好”

互联网时代，智能化发展有效提升了社会治理与服务效能，可以充分利用智能化技术，拓展服务空间，让老年人、残疾人等特定群体看说明书更加顺畅，从中了解更多的用药常识，进一步加强用药安全，逐步达到“看得好”的目标。

（1）设置二维码链接。药企可按照《征求意见稿》的要求，在药品说明书特定区域印制二维码，并优化使用页面，设置放大镜、语音播报等工具，老年人通过扫描二维码就可实现完整药品说明书的电子化展示，根据需要自行调整字体大小、播报语速和音量，优化老年人使用体验。调研中，药企普遍表示电子化改革是更容易做到的，企业投入相对较小，技术上也比较成熟。

（2）设计符合盲人使用要求的二维码。调研中，盲人代表提出，《征求意见稿》提出的增设盲文说明书的要求不太可行，由于盲文所需纸张与普通纸张不同，而且盲人群体中能够阅读盲文的为数不多，无须做盲文说明书，但目前盲人都可通过手机盲人模式实现阅读。因此，建议在链接说明书的二维码区域增加凸点或边框突出、增加塑封等设计，形成明显的可触摸标识，就可以使盲人群体顺畅完成扫码阅读。

（3）开发更多智能服务功能。建议药企在药监部门的指导下，在二维码链接上设置更多智能服务功能。如链接科普平台，通过专家视频讲解提供科学的用药指南，辅助提升药品说明书的用药指导功能。同时，呼吁互联网企业、老年人组织等社会力量，积极参与到药品说明书适老化的智能化工具打造中，推出用药说明小程序，为老年人群体创造安全用药的环境。调研中了解到，一些知名药企已经在研发智能服务技术，如在药品二维码中链接药品说明书、企业介绍、药品药材溯源信息、不良反应收集调查问卷等内容，这些服务内容正在报药监部门审批。有的药企还已着手研究药品说明书阅读机器人，积极探索 AI 技术与用药无障碍环境建设相结合的路径，以实现 24 小时无休提供高质量服务、提供多种方言版本药品说明书阅读服务等目标。

（三）协助推动地方立法，促进无障碍环境建设

检察机关应以《无障碍环境建设法》第 37 条涉及药品说明书的相关规定为依据，以药品说明书适老化改革为契机，推动无障碍环境建设地方立法，为建设宜居城市贡献力量。在调研中，检察机关通过与人大代表的沟通座谈，争取法律界、残联人大代表的支持，配合人大代表做好调研论证，相关人大代表已向市人大常委会提出无障碍环境建设的具体立法议案。

地方经验

DIFANG JINGYAN

浙江省检察院出台十条意见
以高质量解题推动公益诉讼高质效办案

近日，浙江检察院坚持问题导向，出台《关于检察公益诉讼“以高质量解题推动高质效办案”的十条意见》，制定10个方面27条具体措施，以公益诉讼检察自身高质量发展破解实践难题，将高质效办案要求贯穿公益诉讼办案各领域全链条，让人民群众能感受、可感受、感受到公平正义。

全文如下：

为深入贯彻党的二十大关于“完善公益诉讼制度”的决策部署，认真落实最高检对检察公益诉讼重在突出“精准性”“规范性”的工作要求，以高质量发展破解公益诉讼难题，高质效办好每一个公益诉讼案件，更好发挥公益诉讼治理效能，切实维护国家利益和社会公共利益，让人民群众能感受、可感受、感受到公平正义，特制定本意见。

一、在源头管控、严格把关上精准解题，完善公益诉讼质量标准体系

1. 把好高质量线索“发现关”。围绕党委政府关注、人民群众关心的公益诉讼重点领域，依托“益心为公”志愿者参与公益诉讼、代表委员建议提案与检察建议双向衔接转化等机制，加强重大案件线索排摸，做好案件线索的研判和分析，强化对线索核查的把关，从中发现高质量的案件线索。

2. 把好高质量个案“立案关”。以公益诉讼重特大案件标准为引领，聚焦涉及面广、危害性大、群众反映强烈却久拖不决的公益损害问题，突出办理“硬骨头”案件。引导树立正确的业绩观，把握好检

察权和行政权的界限，做到监督不替代、到位不越位。

3. 把好高质量类案“办理关”。更好统筹“有数量的质量”和“有质量的数量”关系，坚持以合理数量为基础，更加突出办案质效，构建能够充分体现质效优先导向的公益诉讼业务考核评价体系，建立健全常态化案件评查机制，坚决杜绝“凑数案”，避免案件“同质化”倾向。

二、在全面调查、客观公正上精准解题，提升公益诉讼办案监督质效

4. 全面深入调查取证。全面、客观收集和审查证据，完善调查取证措施，夯实案件事实基础，用“诉”的标准做好调查取证工作。进一步规范调查取证程序，严格按照证据合法性要求和程序要件收集证据，确保调查程序合法、证据形式合法。

5. 精准适用监督方式。准确把握行政公益诉讼案件的违法性和公益受损的认定，找准被监督行政机关的违法情形，准确适用法律法规，依法确定被监督对象。对于一些不具有违法性或者违法情节轻微的案件，不宜作为公益诉讼案件办理，可以制发社会治理检察建议，或者采取沟通、提示等方式推动行政机关解决。对于能够通过磋商解决的案件，不制发诉前检察建议。

6. 提升检察建议质量。牢牢把握检察建议“可诉性”这个关键，围绕适格诉讼主体、公益损害事实、违法行为等基本要素，针对行政机关的具体履职要求提出建议内容，避免公益诉讼检察建议混同于社会治理类检察建议。进一步增强检察建议的说理性和信服力，分析问题有理有据，建议内容切实可行，推动行政机关实现自我纠错。

三、在既重过程、又重结果上精准解题，保证受损公益及时有效修复

7. 规范公益诉讼诉前程序。严格按照《人民检察院公益诉讼办案规则》履行线索评估、案件初查、立案审批、文书送达等程序，确保案件办理和办案系统同步对应。进一步提升办案效率，严格履行办案时限要求，避免案件久拖不决或者超期办案，影响公共利益有效维护。

8. 持续开展跟进监督。进一步增强跟进监督意识，聚焦整改难度大、周期长、易反复的公益损害难题，常态化开展“回头看”，通过实地回访、公开听证、志愿者参与评估等方式，推动整改落实到位，避免检察建议一发了之，行政机关虚假整改、纸面整改等问题。

9. 及时弥补公共利益损失。更加重视公益诉讼案件的执行效果，加强损害赔偿、生态修复等后续工作，不断丰富公益保护手段，采取补植复绿、增殖放流、碳汇补偿、技改抵扣、劳务代偿等更为灵活便捷的替代性公益修复方案，推动公益救济及时到位。积极探索生态环境损害赔偿金、食品药品惩罚性赔偿金的管理和使用模式，让赔偿金发挥最大公益保护效用。

四、在诉得出、判得赢上精准解题，强化检察公益诉讼监督刚性

10. 做好诉前评估工作。对于制发检察建议后，行政机关未依法履职或者怠于履职的，综合衡量行政机关履职情况、继续履职能力和条件以及国家利益和社会公共利益受损的严重性、紧迫性等，对行政公益诉讼案件进行评估，保证起诉质量。

11. 严格把握撤回起诉条件。对于行政公益诉讼起诉后，行政机关依法履职，请求检察机关撤回起诉的案件，严格审查程序，可以采取现场勘查、公开听证等方式，综合判断公共利益是否得到有效保护、

诉讼请求是否全部实现。加强与法院沟通协调，探索将裁定终结诉讼作为行政公益诉讼起诉案件的结案方式。

12. 以判决彰显价值引领。对于违法行为持续时间长、性质恶劣或者制发检察建议后仍不纠正的，敢于以“诉”的形式、“判”的结果体现司法价值引领，增强检察监督的刚性，促进依法行政，推动类案治理、诉源治理。

五、在培育典型、打造精品上精准解题，形成高质效案件集群规模效应

13. 加强省市院自办案件力度。聚焦公益受损严重、行政职能交叉、社会反响强烈、长期得不到解决等领域性、系统性的公益损害突出问题，发挥省市院统筹协调各方面办案力量和资源的优势，引导办理具有代表性的高质效自办案件。

14. 加强对下办案指导力度。充分发挥公益诉讼办案指引的指导作用，精心选取办案效果好、可复制、可推广的案例，梳理办案要点、总结办案经验，指导全省公益诉讼检察办案。建立分领域业务指导制度，明确专人负责，提升对下指导的专业性和系统性。

15. 加强典型案例培育力度。认真落实省检察院《公益诉讼精品案件培塑工作指引》，形成“条线聚力、外部借力、重点发力”的立体化精品案件培塑模式。深化全省公益诉讼重点领域办案“百千工程”，通过“百案示范”牵引“千案提质”，引导全省检察机关办理一批典型案例。

六、在数字赋能、科技支撑上精准解题，建设实用高效的公益诉讼技术支持体系

16. 充分发挥数字赋能优势。强化大数据赋能理念，引导、鼓励各

地大胆创新，建设更多好用管用的公益诉讼数字监督模型和创新应用。聚焦公益诉讼重点领域，选取可复制、可推广的公益诉讼数字监督模型，组织开展公益诉讼数字专项监督，实现“一域突破、全省共享”，以数字赋能助力公益诉讼高质效办案。

17. 充分发挥科技辅助作用。加强公益诉讼和技术部门的协作配合，利用好快速检测、无人机勘查、卫星遥感等现代科技，在公益诉讼线索核实、勘验取证、固定证据等基础性工作上提供科技助力，辅助办理流域性、系统性等大案。

七、在事前预防、综合治理上精准解题，充分发挥公益诉讼独特制度价值

18. 积极探索预防性公益诉讼。聚焦安全生产、生物多样性保护、文物和文化遗产保护等特定领域，将公益保护从事后救济向事前预防延伸，从“治已病”到“治未病”，通过及时有效发现并纠正可能造成公益损害危险的违法行为，从源头推动解决公益损害风险。

19. 促进完善社会治理。结合检察办案中发现的普遍性问题，采取“检察建议 + 调研报告”等多种形式，及时向党委政府提出有针对性的意见建议，推动完善行业治理、区域治理、综合治理，达到“办理一案、治理一片”的办案效果，切实做好公益诉讼的“后半篇”文章。

八、在以上率下、形成合力上精准解题，构建上下一体、内外协同的工作格局

20. 优化一体化办案机制。对于重大疑难复杂案件，上级院靠前指挥，加强指导，帮助下级院协调解决难点问题，发挥示范引领作用，提升办案规范化水平。完善公益诉讼交办督办制度，确定专人跟进案件的办理，及时反馈案件办理情况，实现办案闭环管理。

21. 完善协同共治机制。健全与审判机关、行政机关工作协调长效机制，在线索移送、信息共享、办案协助、法律适用等方面凝聚更多共识。落实好已有公益诉讼协作机制，通过联合开展专项活动、挂牌督办案件、发布典型案例等方式，激活协作机制效能。

22. 扩大公益诉讼公众参与。深化“益心为公”志愿者工作，进一步提升志愿者参与度、活跃度，增强检察官和志愿者之间的“黏性”，让志愿者成为公益诉讼高质效办案的强大助力。认真落实“应听证尽听证”要求，让公益诉讼办案成效可触可感可信。持续深化代表委员建议提案和检察建议双向衔接转化工作，有效凝聚人大、政协和检察监督合力。

九、在业务提升、能力建设上精准解题，打造一支素质过硬的公益诉讼检察队伍

23. 加强业务素能培训。持续开展优秀法律文书评选、庭审观摩等活动，通过“检察官教检察官”等方式，提升公益诉讼检察人员线索分析研判、自行调查核实、数字检察办案、庭审出庭应对等能力，补齐办案中的短板和不足。深化“培训＋办案＋研究”的培训模式，通过专案办理、现场教学等方式，将业务培训、业务指导和调查研究相结合，以案代训、以训提能，以学促干。

24. 完善智慧借助机制。针对新领域、新类型等疑难复杂案件，积极借助高校专家学者等“外脑”力量，组建专家咨询团队，为公益诉讼检察高质效办案提供智力支持。强化与行政机关协作，充分发挥特邀检察官助理作用，为公益诉讼检察办案提供专业意见，推动办案提质增效。

十、在机制创新、品牌建设上精准解题，形成浙江公益诉讼检察标志性成果

25. 加强办案机制创新。围绕司法实践和办案需求，探索公益诉讼简案快办、调解和解等制度机制，促进公益诉讼办案体系化、规范化建设。总结提炼好的办案经验，形成更多制度机制成果，为检察公益诉讼专门立法提供更多浙江实践样本。

26. 完善创新实践基地建设。鼓励各级检察机关依托公益诉讼创新实践基地开展常态化活动，不断丰富创新实践基地的内涵和外延，适时开展星级创新实践基地评定工作，让创新实践基地成为公益诉讼高质效办案的重要展示窗口。

27. 强化公益诉讼品牌建设。结合浙江公益诉讼检察实际，找准自身优势和定位，在生态环境公益诉讼、互联网公益诉讼、海洋环境公益诉讼等方面创品牌、立标杆、展形象，打造具有浙江辨识度的公益诉讼检察特色品牌。

青海省检察机关开展“加强文物和文化遗产保护助力国家文化公园建设”公益诉讼检察专项活动实施方案

为深入贯彻党的二十大关于“加大文物和文化遗产保护力度”的要求，切实加强文物和文化遗产保护与传承，守护好中华文脉，以法治力量助推国家文化公园建设，省检察院在全省检察机关部署开展“加强文物和文化遗产保护助力国家文化公园建设”公益诉讼检察专项活动，制定如下方案。

一、指导思想

坚持以习近平法治思想和习近平文化思想为指导，将文物和文化遗产保护公益诉讼检察工作置于打造生态文明高地、建设产业“四地”的全省工作大局中去统筹谋划和系统推进，立足公益诉讼检察职能，持续加大文物和文化遗产保护工作力度，推动构建文物保护新格局，更好服务文化强省建设。

二、工作目标

立足我省拥有长城、黄河、长江、长征四大国家文化公园园区的区位优势，围绕长城青海段保护、长江黄河青海流域文物和文化遗产保护、红军长征在青行军路线遗址保护等办案重点，全面摸排省内文物、历史建筑、历史文化名城、传统村落、非物质文化遗产保护等案件线索，通过办案督促行政主管部门依法履行文物保护主体责任，增强人民群众文物保护意识，助推维护青海历史文化、红色文化、民族文化和宗教文化等文物和文化遗产。

三、重点工作

（一）推动破解长城保护难题

聚焦长城国家文化公园建设，围绕长城保护中行政机关未依法履职，单靠行政机关力量难以破解长城保护等问题开展监督。一是长城点段“应保未保”问题，包括未按照长城保护总体规划要求对应纳入保护范围的长城点段划定、公布保护范围和建设控制地带；未建立相关长城点段档案；未确定部分长城点段的保护机构；未在长城沿线的交通路口和其他需要提示公众的地段设立长城保护标志；未对长城点段实行公示信息、挂牌保护等。二是长城点段巡查防控措施不到位问题，包括未对长城各点段分层分级配备专门机构管理；未及时监管破坏长城违法违规行为；未及时清除和防控影响长城安全的自然因素；未对长城地面遗存点段开展日常巡查和常态化检查等。

（二）助力提升长江黄河青海流域文物和文化遗产保护利用水平

聚焦长江黄河青海流域文化保护、传承、弘扬，围绕流域文物保护系统性、整体性、协同性不强，文物和文化遗产保护与利用整体水平不高等问题依法开展监督。一是强化长江黄河流域文物和文化遗产保护传承。推动加强长江黄河文化遗产资源普查，督促解决文物和文化遗产保护防控措施不到位问题，包括对文物保护单位未按规定划定保护范围、做出标志说明、建立记录档案、设置专门机构或专人负责管理；未对文物保护单位及未核定为文物保护单位的不可移动文物制定保护措施；馆藏文物收藏单位未对收藏文物区分等级，设置藏品档案，建立管理制度及报文物主管部门备案。二是推动提升环境配套服务设施建设。将长江、黄河文化公园与生态修复、文化传承、文旅融合、城乡建设等工作同步推进，督促推进乡村卫生环境整治，优化游憩、公共文化和交通服务设施，推动改善黄河沿线人居环境。

（三）持续强化长征等红色资源保护力度

聚焦长征在青行军路线等红色文物和文化资源保护，围绕文化遗产、纪念设施、民族文化等保护利用不规范问题加大监督力度。一是长征行军路线中文物及红色资源保护监管不到位问题，包括未及时对擅自设置、移动、涂污、篡改、毁损红色资源保护标识及恶意涂污、破坏、损毁、侵占或歪曲、丑化、亵渎红色资源等行为进行监管或监管不到位；未及时对非法侵占红色文化遗址、纪念设施等保护范围内土地、设施进行监管或监管不到位等。二是长征等红色资源开发利用不规范问题，包括对可移动红色资源的保管、收藏、展示、搬移、修复、借用不规范；对红色教育培训、红色旅游、红色资源创意等红色资源产业发展监管不到位等。

（四）服务历史文化名城及传统村落保护与发展

聚焦历史文化名城、传统村落文化传承，围绕历史文化名城、传统村落自然地貌、文化遗迹、古建筑保护滞后等问题开展监督。一是保护监管不到位问题，包括未对构成历史文化名城、传统村落历史风貌的寺庙、长廊、亭子等历史建筑和围墙、石阶等建档和设置标志牌；未及时对损坏的历史建筑等进行修复；未及时对破坏、改变与历史文化名城、传统村落相互依存的自然环境和景观的行为进行监管或监管不到位等。二是开发利用不规范问题，包括未经批准对历史文化名城、传统村落内历史建筑外部进行修缮装饰、添加设施；擅自修改历史文化名城、传统村落，未能保留原始风貌、传统格局和空间尺度；未经批准许可擅自在历史文化名城、传统村落保护范围内进行新建、扩建、修缮和改造等建设活动等行为。

（五）推进非物质文化遗产可持续发展

聚焦非物质文化遗产保护传承，围绕非物质文化遗产系统性保护不足等问题开展监督。重点针对国家级非物质文化遗产项目保护单位擅自复制或者转让标牌、侵占国家级非物质文化遗产珍贵实物资料、怠于履行保护监管职责等问题，加大监督力度，督促主管部门加强非物质文化遗产保护，有效遏制非物质文化遗产侵权、不正当竞争等违法行为，推动非物质文化遗产保护的整体性、系统性。

（六）推动构建多元共建检察协作格局

持续加强与省级行政主管部门沟通联系，与省住房建设厅就我省历史文化名城、街区、村镇等整体保护和活态传承摸清底数，形成整改合力；与省文化和旅游厅就我省非物质文化遗产保护建立信息共享、情况通报、证据收集、联合调查等办案协作机制。各市州、区县检察机关要加强与文物保护行政主管部门协同联动，在线索移送、信息共享、调查取证、专业支持等方面加强协作，推动完善文物和文化遗产长效保护和利用机制，增强文物和文化遗产保护工作合力。

四、步骤安排

（一）动员部署阶段（2024 年 1 月至 2 月）

省院下发通知和方案，对专项监督活动作出部署。各市、州院要统一思想，提高认识，结合地区实际，研究制定具体工作计划，确定工作范围和重点，全面梳理相关案件线索，推动专项活动顺利开展。

（二）全面推进阶段（2024 年 3 月至 10 月）

各地区要紧扣专项活动要求，集中力量办理一批效果好、有影响的案件，并定期对专项活动进展情况进行总结，对工作中发现的问题，逐级上报。上级检察院要加强具体业务指导和督促检查，帮助下级院解决工作中遇到的问题和困难，加强有针对性的指导。

（三）总结归纳环节（2024年11月）

对专项活动中的经验做法，进行总结推广，对于具有引领性、示范性、指导性的典型案件，召开新闻发布会进行发布，并组织媒体进行宣传。

五、工作要求

（一）加强组织领导，强化安排部署

全省各级院要深化对“加大文物和文化遗产保护”工作重要性的认识，深刻理解把握做好文物和文化遗产保护领域公益诉讼检察工作重要意义。各级院要以分管院领导为第一责任人，对本地区专项活动进行周密、细致部署，保证活动顺利开展。各市州院对活动开展情况要及时总结，并每月向省院报告，重要情况、重大案件随时上报。

（二）全面摸排线索，依法立案办理

各院要结合地区实际，对辖区内文物和文化遗产保护领域公益损害线索进行全面摸排，符合立案标准的及时立案办理。

（三）主动借智借力，提升办案质效

积极邀请文物保护专家、高校科研人员、文化遗产传承人注册成为“益心为公”志愿者，通过志愿者发现公益受损案件线索，推动专业人员参与公开听证、专家咨询等检察办案活动。积极构建文物和文化遗产领域法律监督模型，通过大数据碰撞及时发现文物和文化遗产保护领域公益诉讼案件线索。

（四）做好总结提炼，加强宣传引导

通过新闻发布会、检察门户网站、“两微一端”、广播、电视等媒体平台，及时将专项活动开展情况、活动的阶段性成果、办理的典型案例等进行宣传，提升公益诉讼检察工作的社会认知度，增强人民群众保护文物和文化遗产意识，为专项活动的顺利开展营造良好的舆论氛围。

陕西省人民检察院关于依法助推大气污染治理服务保障陕西经济社会高质量发展的意见

为深入践行习近平生态文明思想、习近平法治思想和习近平总书记来陕考察重要讲话重要指示，全面贯彻党的二十大精神，认真落实陕西省委、省政府《陕西省大气污染治理专项行动方案（2023—2027年）》（陕发〔2023〕4号），充分发挥检察职能作用，依法助推大气污染治理，积极为建设美丽陕西贡献检察力量，提出如下意见。

一、提高政治站位，切实增强依法助推大气污染治理的责任担当

1. 深刻认识依法助推大气污染治理的重大意义。大气环境质量关系高质量发展大局，事关人民群众身体健康和生活质量，是具有战略性、全局性、根本性的重大问题。依法助推关中平原大气污染治理是检察机关必须履行好的政治责任和法律责任，是必须完成好的重大政治任务和民生任务。全省检察机关要全面贯彻习近平新时代中国特色社会主义思想和习近平总书记来陕考察重要讲话重要指示，深入贯彻落实党的二十大精神，深刻领悟“两个确立”的决定性意义，增强“四个意识”、坚定“四个自信”、做到“两个维护”，牢记“国之大者”，深刻认识陕西大气污染治理面临的形势，立足检察职能，找准切入点、着力点，为坚决打好三秦大地蓝天保卫战提供有力司法保障。

2. 准确把握依法助推大气污染治理的工作原则。坚持党的领导，服务中心大局，坚决贯彻执行党中央、省委决策部署，重大案件及时向党委汇报。坚持理念引领，践行绿色发展理念，处理好保护与发展

的关系，协同推进降碳、减污、扩绿、增长。坚持问题导向，准确把握大气污染治理中存在的突出问题，切实提高检察工作针对性。坚持法治思维，全面依法履行职责、监督与支持并重、积极参与治理、加强协作配合。

3. 明确依法助推大气污染治理的目标要求。紧紧围绕党中央决策部署和省委、最高检工作要求，聚焦坚决打好三秦大地蓝天保卫战，统筹适用刑事、民事、行政法律责任，实现刑事追究、行政监督、权利救济、公益保护并举，形成打击、监督、预防、修复“四位一体”保护格局，为推进大气环境质量稳步提升、加快美丽陕西建设、谱写陕西高质量发展新篇章发挥更大作用。

二、突出问题导向，加大依法助推大气污染治理司法保护力度

4. 聚焦燃煤和其他能源污染大气环境治理。扎实推进散煤治理和清洁取暖专项行动，加强煤炭、石油焦、高污染燃料、分散燃煤供热锅炉等大气污染问题的监督，助推陕南地区散煤治理、陕北地区清洁取暖试点、关中地区散煤动态清零，助推关中地区完成陶瓷、玻璃、石灰、耐火材料、有色、无机化工、矿物棉、铸造、砖瓦窑等行业炉窑清洁能源替代。

5. 聚焦工业污染大气环境治理。加强关中地区焦化、钢铁、水泥、石化、砖瓦窑、陶瓷、工业涂装等 7 个重点行业企业大气污染问题的监督。聚焦夏秋季臭氧污染，依法办理重点行业挥发性有机物（VOCs）和氮氧化物污染案件，推动国家和地方产品挥发性有机物含量限值质量标准的严格落实。

6 . 聚焦机动车船等污染大气环境治理。积极推进机动车污染治理专项行动，督促整治生产、销售不符合国家标准的车用燃油的行为，

推动治理柴油货车污染，淘汰国三及以下排放标准柴油货车、国一及以下排放标准非道路移动工程机械，助推西安、咸阳、渭南完成渣土车、商混车新能源或国六排放标准车辆替代、国五及以下排放标准柴油渣土车逐步淘汰。

7. 聚焦扬尘污染大气环境治理。加强工业扬尘、道路扬尘、裸地扬尘、沙尘暴等大气污染问题的监督，特别是加大对关中各城市建筑施工扬尘监督，督促严格细化落实施工工地“六个百分之百”抑尘措施，动态调度环卫保洁力量，最大限度降低扬尘污染。加大排放扬尘、工业粉尘等颗粒物未缴纳环境保护税案件办理力度，推动扬尘污染大气环境治理。

8. 聚焦农业和其他污染大气环境治理。推动整治喷洒剧毒农药、露天焚烧秸秆落叶、排放恶臭气体、排放有毒有害污染物或者持久性有机污染物等大气污染问题，推动农业氨治理、餐饮油烟治理和禁燃禁放落实。助推构建区域生态大气廊道，在大气污染敏感脆弱和污染物易集聚区构建包围式或隔离防护林带，发挥好城市周边河流湿地和湖泊湿地通风降温作用，增强通风潜力和大气扩散能力。助推秦岭北麓、关中北山、黄河西岸、陕北长城沿线等典型区域生态修复，助力面源综合治理。

三、严格落实责任，确保服务保障大气污染治理取得实效

9. 加强组织领导。全省各级检察机关要强化服务大局意识，紧紧依靠党委领导，在人大、政府、政协和社会各界监督支持下，统筹推进大气污染治理检察工作。检察长要带头办理重大复杂案件，做到重要工作直接部署、重大问题直接过问、重要环节直接协调。上级检察机关要加强对下指导和监督，定期通报办案及工作开展情况，确保案件办理力度和工作效果。

10. 依法能动履职。认真践行绿水青山就是金山银山理念，依照法定职权、法定程序履行职责，敢于监督、善于监督、依法监督、规范监督，统筹山水林田湖草沙系统治理，以高质量司法保障，融入党委领导、政府主导、企业主体、社会组织和公众共同参与的现代环境治理体系。

11. 加大办案力度。一体融合履行生态环境“四大检察”职能，统筹适用刑事、民事、行政法律责任，推动空气质量持续改善。加大非法排放、倾倒或者处置有毒有害污染物、非法排放超标污染物犯罪、篡改伪造环境监测数据等大气污染刑事案件办理力度，充分发挥刑事检察惩戒震慑作用。综合运用抗诉、检察建议、支持起诉等方式，监督大气污染民事行政诉讼案件；积极开展大气污染行政非诉执行监督。做好大气污染公益诉讼检察，发挥诉前检察建议作用，督促行政机关积极主动履职，实现诉前维护公益目的。建议后行政机关仍不整改的，依法提起行政公益诉讼。

12. 推动溯源治理。针对在办案中发现一定时期内大气污染违法行为多发、频发，或者已经发生的案件暴露出明显的管理监督漏洞，向行政机关发出社会治理类检察建议，主动将办案职能向社会治理领域延伸，充分发挥陕西“党委领导、政府主导、多方参与、司法保障”的检察建议办理社会化工作格局作用，合力解决大气污染问题，助力经济社会高质量发展。

13. 发挥一体化机制作用。充分发挥生态环境检察指挥中心作用，统一管理案件线索，统一指挥案件办理，统一调配办案资源，统一管控案件质效。对重大疑难复杂或进展缓慢的大气污染案件，依法交办、提办、督办，完善不同诉讼程序和责任方式衔接。充分运用跨区划检察院集中管辖与区划检察院地域管辖相辅相成、一体履职的法律监督工作机制，推动大气污染防治检察工作提质增效。

14. 强化协同联动机制。牢固树立双赢多赢共赢理念，加强与生态环境等行政机关的协作配合，建立健全“生态环境保护行政执法＋检察监督”等机制，加强生态环境检察与省大气污染治理专项督察衔接。健全与监察机关、审判机关、公安机关纪法衔接和司法衔接机制，形成大气污染防治合力，推动协同治理。

15. 强化社会化工作机制。加强与社会组织的合作，进一步健全完善“检察＋社会”环境保护合作模式。充分发挥志愿者检察云平台作用，汇聚志愿者力量。邀请人大代表、政协委员、人民监督员、公益诉讼志愿者参加听证、公开宣告、现场送达、庭审观摩等办案活动，拓宽公众参与大气污染治理途径。

16. 加强宣传引导。将普法和宣传贯穿大气污染案件办理全过程。在办案中注重加强释法说理，充分运用各类媒体、宣传专栏等方式，开展大气污染防治宣传。准确把握案件特点和规律，培育发布典型案例，发挥典型案例示范引领作用。严格执行新闻宣传纪律，确保宣传质量和效果，营造良好法治舆论氛围。

17. 提升专业素能。坚持把党的建设放在首位，不断提高政治判断力、政治领悟力、政治执行力。组织好业务培训，开展调研、业务赛训，大力培养生态环境检察骨干人才。深入推进纪律作风建设，努力打造清正廉洁、担当作为的革命化、正规化、职业化、专业化检察队伍，为依法助推大气污染治理服务陕西经济社会高质量发展提供有力组织保障。

云南省检察机关发挥公益诉讼检察职能助力乡村振兴

民族要复兴，乡村必振兴。实施乡村振兴战略，是党和国家解决人民日益增长的美好生活需要和不平衡不充分的发展之间矛盾的重大战略，也是实现两个一百年奋斗目标、实现全体人民共同富裕的必然要求。全省检察机关坚持以习近平法治思想为指引，深入学习贯彻习近平总书记重要讲话精神，深入践行“绿水青山就是金山银山”理念，忠实履行“检察官作为公共利益代表”的神圣职责，按照省委、省政府《关于全面推进乡村振兴加快农业农村现代化的实施意见》的安排，准确把握“产业兴旺、生态宜居、乡风文明、治理有效、生活富裕”的总要求，于2021年7月部署开展“公益诉讼助力乡村振兴”的专项行动，积极履行公益诉讼检察职能，为巩固拓展脱贫攻坚成果、全面推进乡村振兴提供法治保障。开展专项行动以来，在社会各界大力支持下，全省检察机关围绕耕地资源保护、乡村环境整治、食品药品安全、强农惠农资金和国有财产保护等加大办案力度，立办相关领域公益诉讼案件8011件，发出诉前检察建议或民事公益诉讼公告7405件，提起行政公益诉讼35件，民事公益诉讼（含刑事附带民事公益诉讼）406件，以公益诉讼办案成效助力乡村治理。

一、围绕农村人居环境整治抓办案，促进生态宜居水平提升

乡村振兴，生态宜居是关键。全省检察机关按照农村人居环境整治提升的工作部署，聚焦农村垃圾乱堆乱放、秸秆焚烧、养殖污染、污水排放等突出问题，通过公益诉讼办案，推动以绿色发展引领乡村

振兴。共督促清除处理各类生活垃圾5万余吨，整治违法养殖场91个，回收农药包装废弃物70余吨，追偿修复生态、治理环境费用1000余万元。曲靖市检察机关针对南盘江曲靖段干支流污水直排、河道养护不到位、污水处理设施不足或未完全投入使用导致流域环境污染和生态破坏等问题，立案办理南盘江流域生态环境行政公益诉讼系列案，守护了南盘江流域“水清景美”的良好生态，该案被评为最高检“检察公益诉讼助力流域生态环境保护治理”典型案例。昆明市呈贡区检察院通过办理农业废弃物污染行政公益诉讼案，促使行政机关在全区建成7个“农田废弃物兑换超市”，鼓励农户主动回收并按照回收数量予以相应积分兑换日常生活用品，建立起“政府推动、部门协调、属地管理、群众参与”的农业废弃物回收处理闭环管理模式，推动农村生产生活方式绿色转型。

二、聚焦农用地司法保护，守护良田沃土

耕地保护事关国家农业稳定、粮食安全。全省检察机关把农用地等土地资源保护作为公益诉讼的重点常抓不懈。围绕耕地“非农化”、基本农田“非粮化”、违法占地的重点问题，办理乱占耕地、非法改变耕地用途的公益诉讼案件617件，督促恢复被非法改变用途和占用的耕地4700余亩。发挥公益诉讼职能，积极参与农村乱占耕地建房专项整治，促进公益诉讼与行政执法衔接，形成与行政机关协同治理工作合力，落实最严格的耕地保护制度。昆明市嵩明县检察院针对辖区未经批准占用耕地堆土、建厂房、建设种植看守房等耕地“非农化”“非粮化”突出问题，通过办案督促行政职能部门履行耕地保护职责、整治违建违占并复垦，还进一步推动建立自然资源、税务部门跨部门行政执法与检察公益诉讼监督协作机制，追缴耕地占用税款1318.40万元，收到“办理一案、治理一片”的良好效果。

三、强化乡村食品药品公益保护，共同守好农产品质量安全底线

民以食为天，食以安为先。全省检察机关发挥公益诉讼职能，以乡镇集市、农贸市场、零售药店、边境贸易集市为重点，协同农业农村、市场监管等部门，聚焦散装食品、药品、冷链运输、电商平台等乡村食品药品安全问题进行监督办案，切实守护好群众的“菜篮子”“米袋子”“药箱子”。共办理线上线下销售涉农产品、食品药品安全的公益诉讼案件541件，处置销毁假、劣药品20件，不符合安全标准的食品27余吨。临沧市云县检察院针对全县12个乡镇的农村集市部分流动摊贩存在未办理《食品摊贩备案卡》、从业人员健康证明等问题，通过提出检察建议、提起诉讼的方式，督促负有相应监管职责的行政机关依法履职，推动开展农村集市食品摊贩专项整治，督促从业人员办理健康证件128个，办理《云南省食品摊贩备案卡》339户，划定经营区域和经营时段并依法向社会公布。针对饮用水水源地防护隔离设施、警示标识牌以及在水源地周边放牧、野炊、洗涤、倾倒垃圾等隐患问题，督促相关部门依法履职，消除饮用水安全隐患，为人民群众喝上干净水、放心水提供司法保障。昆明市禄劝县检察院针对水源地库区周边重点区域的农村生活垃圾与污水收集处置不到位、农业面源污染监管不足等问题隐患，开展“彝山苗岭千岛湖—云龙水库保护”公益诉讼专项监督行动，依法立办行政公益诉讼案件11件，促使水源保护区的村庄纳入“两污”收集处置覆盖范围，43个污水收集处理设施正常运转，推动了水源地周边生态环境的系统治理。

四、聚焦强农惠农资金管理使用，规范国有财产管理

突出乡村振兴领域国有财产保护公益诉讼工作，督促行政机关全面有效履行对农业项目扶持资金、惠农补贴等财政专项资金的监管职

责，促进规范管理使用。共办理涉农资金领域公益诉讼案件125件，督促收回被套取、冒领国家补贴、补助和社保资金193万余元。红河州屏边县检察院助力扶贫项目专项资金规范使用，督促相关部门履行对补助资金的全过程监管职责，追回不当发放的项目扶持资金85万元，服务巩固脱贫攻坚成果。楚雄州永仁县检察院针对辖区内被撤并的农村中、小学校校舍长期闲置、缺乏有效管理导致破损倒塌、被占用，造成国有财产贬损、流失，且存在安全隐患的问题，督促属地行政监管部门依法履职，同步依托一体化办案机制上报楚雄州检察院接续监督，在全州范围内部署了闲置校舍的专项监督行动，推动全州教体系统形成齐抓共管的一盘棋工作格局，积极探索出将闲置校舍改造成幼儿园、劳动教育实践基地、家长学校、村卫生所等利用新路径，既有效盘活了国有财产、集体财产，又防止了安全隐患。

五、加强文化传承保护，助力保护特色民族村寨

传统村落是物质文化和非物质文化的综合载体，是中国深厚文化的历史见证，也是国家利益和社会公共利益的重要组成部分。云南传统村落众多，国家级传统村落数量位居全国首位。全省检察机关聚焦传统村落、传统民居风貌擅自改变、消防设施不健全、人居环境较差、未挂牌保护等问题，一体推进传统村落、少数民族文化特色村寨和非物质文化遗产保护，办理相关公益诉讼案件423件，涉及153个传统村落保护，助力留住绿水青山、留下美丽乡愁。普洱市澜沧县检察院针对县域内传统村落保护工作中普遍存在管理人员少、消防设施配备不齐全的问题，依托与消防部门共建的“检消”协作机制，逐村逐户排查景迈山及周围区域传统村落消防隐患，通过公开宣告送达检察建议的方式，督促协同相关行政部门依法履职，通过完善消防设施、组建专业消防队伍、整改电气线路隐患、开办“双语”消防夜校和“双

语”广播、开展消防巡查和“敲门行动”等举措，统筹解决传统村落保护相关的资金、消防及环保等问题，为“景迈山古茶林文化景观”成功申遗提供了法治保障。积极借助数字赋能，昆明市禄劝县检察院利用图像矩阵技术督促办理的“彝·汉文摩崖石刻”文物保护案入选最高检检察技术支持公益诉讼办案全国典型案例，为历史文化保护传承贡献检察力量。

六、注重以诉源治理促进乡村治理

乡村振兴，治理有效是基础。全省检察机关注重结合办案中发现的农村人居环境整治的普遍性问题，以检察建议的方式，积极推动同类问题解决。德宏州盈江县检察机关针对辖区长期以来甘蔗收获季节大面积焚烧秸秆导致周边地区空气污染，群众反映强烈的环境污染问题，通过召开圆桌会议和制发检察建议的方式，推动政府建立堵疏结合的秸秆禁烧和综合利用的长效监管机制，引进四家大型秸秆加工企业、20 余家养牛场，提升秸秆利用效率，建立了秸秆“收—储—运—用”体系。积极主动谋划，持续推动乡村地区个人信息保护工作，立办涉个人信息保护公益诉讼案件 112 件，促进乡村治理能力提升。楚雄、临沧等地检察机关针对履职中发现的政府信息公开中，未对公民身份证号码、银行账号、手机号码等信息进行去标识化处理，存在个人信息泄露或被违法利用的风险，向行政机关发出行政公益诉讼诉前检察建议，督促行政机关加强对个人信息的保护，促进依法行政。

河北省沧州市人民检察院区域联动助推沿海外来入侵物种系统综合治理

沧州市地处环渤海中心地带，大陆海岸线92.46公里，管辖海域面积955.6平方公里。沧州市人民检察院立足渤海生物资源丰富、沿海外来物种入侵风险高的实际，自觉肩负起生物安全保障的政治责任，办理督促治理外来入侵物种公益诉讼案件，争取治理资金4576万元，实现互花米草治理352公顷，为高水平海洋生态安全保护提供有力检察保障。

一、主动作为，同向发力完善海洋公益保护区域协作

海洋生态环境和资源具有明显的跨区域特点，分散治理难以解决全局性问题，存在办案难度大、耗时长、效率低等问题。为有效推进海洋生态系统一体化保护和系统治理，沧州市检察机关积极主动作为，加强与沿海毗连检察机关沟通协作，强化办案协同。

（一）密切协作强联系

针对渤海生态环境资源和保护工作涉及面广、专业性强、跨区域问题多的特点，沧州市人民检察院与天津市人民检察院第三分院会商出台了《关于建立环渤海生态环境和资源保护公益诉讼协作工作机制的意见》，建立了联席会议、案件线索移送反馈、案件办理协作、专项活动协同行动、重大案件协商、信息资源共享、研讨交流协作7项工作机制，实现工作联商、线索联拓、案件联办、问题联破，着力加强在渤海水域生态环境保护中跨区域检察协作配合，形成同防同治监督合力，构建渤海水域公益诉讼监督共同体。

（二）激活效能抓办案

沧州市检察院坚持问题导向，以非法占用海域、侵占海洋自然保护地、入海河流环境污染、海洋水生生物资源保护等方面为监督切口，深入开展线索摸排。2021 年 11 月，天津市滨海新区入海口及沿海滩涂、河北省沧州市沿海区域等地发现生长有大量外来入侵植物互花米草，沧州市检察院、天津市检察院第三分院充分发挥协作机制作用，同步开展初查核实，分别成立以检察长为主办检察官的专门办案团队，持续加强办案联动，推动渤海水域外来入侵物种联防联控。

二、个案探索，综合施策高效推动问题治理

沧州市检察院深入践行个案办理、源头治理、综合施策理念，推动行政机关建章立制、堵塞监管漏洞，推动“一案一整改”向“一类问题治理”拓展，协同做好外来入侵物种治理“大文章”。

（一）争取党委政府支持

在督促治理外来入侵植物互花米草案件办理过程中，沧州市检察院多次与市政府通报案件相关情况，沧州市政府主要领导高度肯定检察机关督促治理外来入侵物种互花米草的相关工作，并要求相关职能部门密切配合，高效科学推进治理工作。天津市检察院第三分院向天津市滨海新区人民政府制发《关于治理互花米草工作的提示函》，天津市滨海新区区委、区政府相关领导对互花米草治理工作作出批示，由天津滨海新区农委作为治理工作的牵头单位制定治理工作方案，并由区政府印发给全区各单位。

（二）持续跟进监督

检察建议发出之后，沧州市检察院一直持续跟进监督互花米草防

治工作，定期开展“回头看”。按照跟进监督计划，定期向相关行政机关收集最新互花米草治理情况，并实地查看、跟进监督互花米草各点位整改落实情况。先后3次应邀列席沧州市农业农村局组织召开的全市外来入侵物种防治协调机制工作会议，与沧州市农业农村局、市资规局共同对互花米草治理工程进行调研。与天津市检察院第三分院召开线上工作会议7次，并实时交换治理进度与相关经验，推动两地治理工作全面落实。

（三）力推跨区域行政协作

为科学有序推进互花米草防治工作，遏制跨区域扩散态势，沧州市检察院与天津市检察院第三分院积极谋划搭建天津、沧州两地行政机关双向沟通、互相协作的互花米草治理平台。2023年4月，两院牵头与天津市滨海新区政府、沧州市政府共同召开互花米草协作治理工作推进会暨环渤海生态环境和资源保护检察公益诉讼协作联席会，推动两地政府会签出台《天津市滨海新区人民政府、河北省沧州市人民政府关于建立互花米草协作治理工作机制的意见》。两地职责部门及时启动会商研判、信息共享、协同行动等工作机制，及时采取刈割+深翻、机械深埋、人工拔除等多种方式，共同开展存量治理、盲区消除、源头预防等各项工作，治理实现由“单兵作战”向“系统集成”转变。

三、借智借力，专业加持促进公益治理科学规范有效

外来入侵物种防治调查取证、鉴定评估中涉及的专业性问题更多、更突出，但检察人员受知识结构和人力精力所限，需要通过科学论证、技术认定和咨询意见，提供专业支撑，突破办案瓶颈制约。沧州市检察机关立足案件实际，深度挖掘现代智慧检务巨大资源，积极推动办案进展。

（一）强化技术规范取证

为提高办案科学性与专业性，沧州市检察院借助无人机等先进设备航拍取证，夯实证据链条。协同天津市检察院第三分院共同委托专业机构鉴定互花米草学科名称、评估互花米草分布情况与负面生态效应，从而明确互花米草种属并精确得出互花米草分布面积数据及负面生态情况。

（二）公开听证广聚良策

鉴于外来物种涉及的环境治理和责任认定专业性较强，国内外尚无成熟治理经验可供借鉴，为突破专业壁垒，得到更为权威、全面的专业论证意见和结论，沧州市检察院与天津市检察院第三分院就“如何评价互花米草的负面生态效应以及治理的必要性”联合举行线上检察听证，并特邀海洋环境、自然资源等领域专家学者参与听证释理。通过现场专业论证和现场答疑解惑，阐明治理的必要性、紧迫性和可行性，提出科学、专业的治理思路，进一步打消行政机关顾虑，凝聚治理共识。

（三）明确标准强化实效

互花米草治理在全国乃至全世界尚无标准可循，为达到科学有效治理，津沧两地检察机关主动与国家海洋标准计量中心进行对接，共同推动制定“互花米草生态损害评估、生态治理及治理效果评价等系列标准”。目前，国家海洋标准计量中心联合有关单位共同制定的《互花米草入侵风险等级评估方法》《互花米草生态环境损害价值技术指南》两项团体标准已经中国海洋学会批准正式公布，于 2024 年 1 月 1 日正式实施。两项团体标准的落地对于全面调查互花米草入侵风险、科学评估互花米草造成的生态环境影响具有重要参考作用，为同类别海洋公益诉讼案件办理延伸出了更广阔的公益视角。